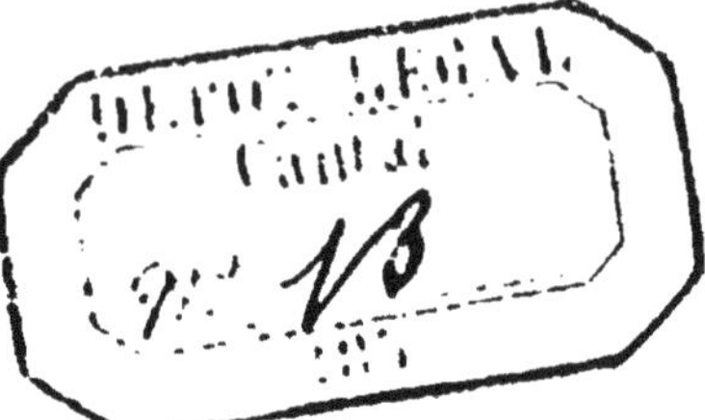

Œuvres Auvergnates

DU

Vicomte DE MIRAMON-FARGUES

AURILLAC
IMPRIMERIE MODERNE
6, rue Guy de Veyre

ŒUVRES AUVERGNATES

Œuvres Auvergnates

DU

Vicomte DE MIRAMON-FARGUES

AURILLAC
IMPRIMERIE MODERNE
6, rue Guy de Veyre

PRÉFACE

On trouvera, réunis dans ce volume, quelques articles qui ont déjà paru dans des journaux et des revues de la Haute-Auvergne. Ces menus écrits s'étaient rapidement dispersés, comme feuilles sèches ; seul l'auteur en gardait encore dans ses tiroirs quelques exemplaires, que la curiosité des amis rendait chaque jour plus rares. C'est pour répondre à de flatteuses et trop bienveillantes demandes, que cette publication a été décidée ; c'est aussi pour avoir l'occasion d'inscrire sur la couverture d'un livre le nom de la petite patrie.

Vicomte DE MIRAMON-FARGUES.

LA CHATAIGNERAIE,
LES BRUYÈRES ROSES
ET LES RAVINS GRIS

LA CHATAIGNERAIE, LES BRUYÈRES ROSES ET LES RAVINS GRIS

Des plaines de Maurs aux plateaux de Marcolès, et de Parlan jusqu'à Cassaniouze, s'étend le pays de la *Châtaigneraie*. Entre ces quatre jalons, plantés en croix, dix-sept autres communes se partagent le territoire : Saint-Mamet, Cayrols, Vitrac, Boisset, Saint-Julien-de-Toursac, Quézac, Rouziers, Saint-Etienne-de-Maurs, Leynhac, Montmurat, Le Trioulou, Saint-Santin, Saint-Constant, Fournoulès, Mourjou, Saint-Antoine et Calvinet.

Autour de ce petit État où le châtaignier est l'arbre roi, plusieurs localités s'énorgueillissent de produire aussi le fruit utile et bon : dans le canton de Montsalvy, le pays de Veinazès mérite une mention spéciale, et, du côté de Laroquebrou, Rouméÿoux, Saint-Saury, Pers, La Ségalassière, Omps, Glénat, Siran et d'autres ne rougissent pas du voisinage et aspirent à l'honneur de l'affiliation.

Je crois pourtant — Dieu me pardonne ! — que ceux de la rivière et ceux des hauts plateaux, où verdoient les gras pâturages, se rient volontiers de l'habitant des maigres territoires et des ravins pierreux où le châtaignier robuste étale sa feuillée. Je sais qu'un cultivateur de là-bas penserait se déshonorer en travaillant ce sol réputé ingrat, et que les jours de marché, à Aurillac, dans l'auberge en renom où fréquentent les gros fermiers, les sarcasmes pleuvent sur le camarade égaré chez les *castagnaïres.*

Mais l'universelle et plantureuse verdure n'est pas l'unique ressource, l'unique charme du sol. La nature, fertile en aspects variés, a mille manières d'attirer le regard et d'attacher le cœur. Dans la *Châtaigneraie*, les effets, moins grandioses, se rehaussent d'une plus grande diversité : car il y a un peu de tout dans cette pointe de pays que l'Auvergne a poussée vers les rives du Lot. Le sévère y côtoie le gracieux ; le ravin sauvage s'ouvre sur de vertes prairies ; les plateaux granitiques, presque chauves, où de maigres genêts, des bruyères courtes rampent au pied de gigantesques entassements de rochers, séparent des vallons fertiles, aux pentes boisées, et laissent la vue s'étendre sur des horizons lointains, au-dessus d'une contrée tourmentée à souhait, brisée, heurtée, fouillée, dont chaque détail est une surprise et qui déconcerte la description. Il se dégage de cet ensemble quelque chose du charme de la jolie laide, le plus puissant et le plus durable de tous.

Le ravin abrupt et encaissé remplace la large vallée, et la nature n'a plus ce caractère de beauté majestueuse et sûre d'elle-même qui s'offre et se mire au grand jour.

La gorge mystérieuse fuit, s'allonge, se dérobe, se jette à droite et à gauche par des bonds brusques, comme une cavale ombrageuse. Créée par le caprice du torrent, qui s'y est frayé un passage en délayant la terre molle et en contournant le roc obstiné, elle avance au hasard vers un but qu'elle ignore. Parfois un long ruban de prairies tapisse les rives du cours d'eau, et, sur les pentes, la forêt de hêtres, de chênes et de bouleaux pousse droit au ciel ses rameaux d'un vert plus sombre. La prairie s'égaie de ce contraste, absorbe la lumière, étincelle par toutes ses fleurettes, chante par tous ses grillons. Elle sait bien qu'il lui faut profiter de l'aubaine et, dans ce repas de soleil, mettre les bouchées doubles : car les journées sont courtes pour elle, et les cimes et les plateaux seront longtemps encore inondés de rayons dorés, quand déjà dans la gorge le crépuscule aura commencé.

Parfois le ravin est plus austère. Sa paroi schisteuse affleure le long des pentes, tantôt se montre à nu en de larges glissades d'où la terre végétale a disparu et tantôt s'élance en des pointes bizarres et menaçantes : tout cela est gris, rougeâtre ou violacé, suivant que domine le rocher, la terre à brique ou la bruyère grêle. Un taillis de chênes rabougris, un bouleau éploré mêlent de place en place une tâche de nuance plus franche à la neutralité indéfinissable de ce coloris. Rien n'égaie, rien ne vit, rien n'éclate que la voix grave du torrent qui s'enfuit.

D'autres fois la gorge s'élargit et s'évase, et sur ses parois, qui dévalent en pentes plus douces, le soleil se repose plus complaisamment. Alors apparaît le châtaignier, le bon géant nourricier. Il ne croît pas en futaie serrée, comme le chêne et le hêtre ; mais il tient son voisin à distance, ainsi qu'en un verger, pour ne pas gêner l'expansion de sa vigoureuse ramure. Tantôt c'est un tronc rugueux qui s'élance haut et droit, comme la bille d'un chêne, et tantôt c'est un dôme immense de feuilles longues, nerveuses et frangées, cachant la gigantesque charpente des branches grosses ou petites, hardiment entrelacées. Quand commence l'été, de longues aiguillettes jaunes le transforment en un massif d'une grisante senteur, et quand survient l'automne, entourant son fruit d'une enveloppe épineuse, il apparait hérissé comme un porc-épic, jusqu'à ce que la châtaigne fauve et la feuille jaunissante, tombant dans une même lassitude, le laissent chauve et pitoyable bien avant le chêne, son voisin. C'est un bloc massif, bossué, noueux, cicatrisé de mille blessures, ou bien une souche énorme, si creuse que l'homme s'y ménage parfois une retraite et qui, par une large fente, bâille comme une épave qu'a crevée la tempête. Mais, qu'il soit robuste ou difforme, ou qu'il ne lui reste qu'une mince carcasse, sous laquelle sa chair est tombée en poussière, jamais le tronc du châtaignier ne périt tout entier ; et, s'il n'est plus l'arbre qui s'élève lui-même, il demeure le piédestal contre lequel les générations nouvelles étayent leurs jeunes audaces, et se survit en quelque branche puissante qui sur l'aïeul affaissé pose une aigrette victorieuse : arbre prodigieux, il renait de ses cendres, comme le Phénix, et, comme le géant Briarée de la légende antique, il étend en tous sens, malgré l'effort de la hache, ses bras vigoureux. La présence du châtaignier est l'indice d'une altitude moindre et d'un climat plus tempéré. Mais ce robuste fils du Plateau Central n'aime guère la plaine et cherche de préférence la colline en amphithéâtre, où il peut voir et être vu, et le vallon à peine creux, où silencieusement il fait la boule sous les rayons du soleil.

On peut avoir une vue d'ensemble et une idée à peu près exacte du pays de la *Châtaigneraie*, en se plaçant sur les crêtes qui bordent le cours de la Rance, à l'extrémité de la commune de Marcolès.

Fermant le fond du tableau, trois étages de collines, disposées en amphithéâtre, se fondent insensiblement sur l'horizon en un lointain bleuâtre.

A droite la ligne de mamelons fauves, dont La Bastide du Haulmont occupe le point culminant, cache aux yeux le Causse pierreux de Gramat et de Roc-Amadour et borde le plateau inégal et bossué, où parmi les landes, tachetées d'oasis fertiles, deux familles puissantes avaient établi autrefois leur suprématie.

L'une demeurait dans le vieux château de Parlan, masse à demi-écroulée, à laquelle le vandalisme révolutionnaire, malgré l'opposition des habitants de la paroisse, a porté en 1792 un coup mortel. Jadis les La Garde de Saignes avaient accroché aux murs des grandes salles

les portraits des ancêtres fameux : Jaucelin, évêque et diplomate, qui fut mêlé aux querelles de Philippe-le-Bel et de la Papauté ; le cardinal Géraud, général des Frères-Prêcheurs ; Etienne, archevêque et légat du Pape ; Guillaume, patriarche de Jérusalem, et Pierre, seigneur de Parlan, qui portait aussi bien la toge que la cuirasse et fut ambassadeur de François Ier en Pologne, en Bohême, en Ecosse et en Portugal. De valeureux soldats, nés dans ce berceau familial, ont aussi fait sonner haut et clair dans la province et à la cour le nom de leur race : mais aujourd'hui ces murs ont perdu jusqu'à l'éloquence des ruines ; et, lorsque l'étang seigneurial, endormi à leurs pieds, leur renvoie l'image de leur déchéance, l'âme du vieux castel, stupéfaite et déroutée, ne retrouve même plus la place de tant de souvenirs.

Plus vivantes, dans la mort même, sont les ruines du château de Naucazes. Comme ces fossiles desséchés qui conservent dans le tombeau l'expression coutumière de leur vie humaine, ces murailles proclament encore leur ancienne grandeur et racontent éloquemment aux yeux l'inoubliable scène d'incendie et de pillage qui, dans la nuit du 24 mars 1792, vit périr le noble logis. Situé non loin de Parlan, sur un plateau fertile, au milieu des neuf domaines dont son nom conserve l'opulent souvenir, il s'étalait en un lieu bien clos, préférant sa confortable retraite à la vue des horizons lointains. Une portion de ses bâtiments témoigne de son origine féodale, et c'est un donjon rectangulaire, plus long que large, flanqué de quatre grosses tours, qu'avaient habité les premiers sires de Naucazes, à l'esprit batailleur; leurs descendants s'étaient installés plus au large et avaient marié à la forteresse un corps de logis spacieux, haut de cinq étages, qu'un porche commode traversait de part en part. A l'intérieur, des voûtes effondrées, des restes de cheminées de pierre, des fragments de nervures, de-ci de-là un motif sculpté que le marteau des démolisseurs n'a pu atteindre, l'escalier en coli-maçon, léger et gracieux, soutenu par une colonnette ou même tout simplement par la grosse branche de quelque arbre ami des ruines; puis l'écurie énorme, entièrement voûtée, avec des pénétrations ogivales, supportant le poids colossal d'un sol de grange pavé et troué de deux abat-foin, ceinturés de pierres de taille, pareils à des margelles de puits : tout porte l'empreinte de la famille opulente à laquelle cette demeure avait donné son nom et qui ne la quitta que pour s'installer au siècle der[illegible] en Limagne, dans le merveilleux donjon de Tournoël.

Ce pays est plein de contrastes. Saint-Julien-de-Toursac, paroisse du Château, n'en est pas très éloignée : et cependant quelle suprise, lorsqu'en quittant le plateau de Naucazes, on entrevoit le ravin béant, inaccessible, au fond duquel l'église et le bourg sont cachés ! Aussi s'occupe-t-on de transporter les bâtiments communaux et de construire un sanctuaire au hameau des Estresses, sur le bord de la route nationale qui côtoie les abîmes. Certes, il fallait posséder le diable au corps pour avoir été construire une forteresse aussi importante que celle de Toursac, dans ces gorges isolées, au milieu de quelques maigres forêts, en face d'un coteau violet et jaune, pelé comme un tapis qu'aurait usé le frottement des semelles, dans une contrée où le châtaignier seul donne une impression de verdure et de vie. Mais comment expliquer que les bandes anglaises se soient donné la peine de venir au plus profond de ces abîmes assiéger et ruiner jusqu'en ses fondements la lointaine forteresse !

D'ailleurs les armes anglaises ne furent pas seules à ensanglanter ces ravins, et, pendant les guerres de religion, huguenots et papistes s'y pourfendirent à l'ombre des châtaigniers. L'histoire a conservé le souvenir d'une rencontre meurtrière qui eut lieu dans la contrée entre les catholiques commandés par Lignerac et les protestants sous les ordres de Lavedan. Ces derniers furent battus, et ce n'était que justice : car le combat se livrait tout autour du sanctuaire de Quézac où la Vierge miraculeuse qui attire depuis des siècles la foule des pèlerins, devait bien à ses fidèles aide et protection.

Pèlerins ou soldats, des bandes nombreuses ont donc foulé jadis ce sol tourmenté, qui depuis n'a pas rebuté la hardiesse des ingénieurs modernes : car sur les flancs des gorges parallèles à celle de Toursac, non moins escarpées et non moins hirsutes, le chemin de fer s'allonge victorieusement. Un moment le ravin s'entrouvre : comme une large coquille, il baille au soleil, et découvre, groupé en étages autour de sa vieille église, le gracieux bourg de Boisset, la perle de ce vallon ; puis il se resserre en un défilé étroit, comme s'il s'était formé jadis tout exprès pour enfermer dans sa fraîche solitude l'abbaye de femmes qui florissait en ce lieu.

On ne saurait en vouloir à un cicérone, épris et convaincu, d'avoir, suivant un procédé aussi banal qu'infaillible, réservé pour la fin ses meilleurs effets. Tandis que, les yeux fixés sur la droite, le touriste examine ces paysages d'aspect plutôt sévère, et devine plus qu'il ne voit les détails du tableau, il ne s'est pas aperçu qu'en face et tout près de lui la nature a ménagé les plus riants contrastes. Aussi ai-je hâte de lui montrer au premier plan l'étroit vallon de Leynhac, à l'extrémité duquel le bourg, vieille forteresse, s'est acculé, tel un renard au fond de sa tannière. Pour en sortir il faut prendre le couloir encaissé, au fond duquel gronde la Rance et qui quelques centaines de mètres plus bas aura de la peine à contenir à la fois la rivière, la route et la voie ferrée. Aussi est-on tout étonné de rencontrer sur sa droite en descendant vers Maurs le château d'Antraygues, avec ses tours en poivrières, près de l'humble prieuré du Pont, situé de l'autre côté de l'eau, ancienne dépendance de l'abbaye de la Couronne, qui s'auréole de la gloire d'avoir appartenu au grand Fénelon. Dans ce lieu écarté le gentil castel et le vieux sanctuaire font l'effet de deux passants attardés à causer au bord du chemin.

Voici de nouveau la locomotive arrivant du côté de Boisset. En passant au-dessous du château de Murat elle lance un sifflement de défi au vieux guerrier de pierre dont la légende plus que l'histoire a ensanglanté les annales.

Il y a bien longtemps de cela, si longtemps que les documents contemporains ont disparu, la plateforme de Murat supportait deux donjons appartenant à des frères ennemis. Par une nuit d'orage chacun d'eux voulut profiter du trouble des éléments pour s'en aller surprendre et saccager la demeure de l'autre. Ils armèrent donc leurs serviteurs, et l'ange de la haine permit qu'ils sortissent tous deux en même temps de chez eux ; comme la nuit était très noire et que la tempête faisait rage, ils passèrent sans s'apercevoir, et d'ailleurs ils avaient pris des chemins différents : car il ne pouvait y avoir rien de commun entre eux. Chacun entra donc sans coup férir dans le logis de l'autre, s'y comporta comme en pays conquis et eut l'aimable pensée de mettre le feu chez le voisin. Ce fut la fin de la méprise. Les deux frères se précipitèrent au secours de leurs forteresses respectives, et, comme cette fois, grâce à l'incendie, la nuit n'était plus sombre du tout, ils se rencontrèrent à mi chemin. Je vous laisse à penser si l'entrevue fut cordiale : fous de colère, tous deux, d'un même mouvement, au même instant, tirèrent leur épée, et mutuellement se transpercèrent. Je vous rapporte ce fait divers effroyable, tel qu'il m'a été raconté : mais je vous fais grâce de l'assaisonnement des détails dramatiques, et ne serai pas offusqué si vous n'y attachez pas plus de foi que moi-même : il me suffira que le lecteur veuille bien méditer sur ce funeste effet de la désunion des familles.

Cependant le train pénètre dans la vallée de Maurs. et la vapeur légère, échappée de la machine, semble en s'envolant dans les airs, vouloir rejoindre, tout au bout de la plaine, par delà les crêtes des rives du Lot, le panache de fumée qui flotte au-dessus de Decazeville et arbore en cette contrée sauvage le pavillon de l'industrie.

La vallée de Maurs est le jardin de la *Châtaigneraie*, le trait le plus accentué de ce visage tout sillonné de rides. Verte et gaie dans son encadrement de châtaigniers, elle se déploie et se mire au soleil autour de la ville abbatiale, remonte du côté de Saint-Constant, enserre le piédestal gigantesque de Montmurat, qui portait jadis une couronne de treize tours, puis s'étire et s'allonge le long des rives du Célé pour aller rejoindre le pays de Quercy.

Au-dessus du Célé, la vielle bastille du

Trioulou, et, sur les marches de Rouergue, Saint Santin, redoutable forteresse, Montmurat, hau tain et mystérieux, étaient des sentinelles avan cées qui, du côté du midi, gardaient la ville d Maurs. Ce système de défense était complét par les forts de Saint-Constant et de Merle. Le ruines du château de Merle rappellent l'agoni de l'esprit féodal dans nos contrées, car il ne fu ni emporté par l'escalade, ni éventré par l mine, ni dévoré par l'incendie, mais se rendi plus prosaïquement, aux termes d'une bonn capitulation, et fut, je crois, la dernière plac forte du pays que l'administration royale pri soin de faire raser.

Maurs, capitale d'une des quatre prévôtés d Haut-Pays, était regardée comme la clef de l *Châtaigneraie*, et la riche abbaye de Bénédic tins, qui y florissait depuis les temps les plus reculés, excitait les convoitises. Aussi les abbés et les consuls avaient-ils pris soin de fortifier solidement la place, et la ceinture de larges boulevards qui enserre aujourd'hui le pâté massif de la *Cité* donne la mesure des anciens fossés. Pendant cinquante ans, notamment à l'époque des guerres religieuses, cette plaine si gaie fut transformée en champ de bataille, et il n'est pas de vieille maison du pays qui n'y ait

erdu quelqu'un des siens ou ne s'y soit illus-
rée par quelque beau fait d'armes, comme les
'aucazes, les Meallet de Fargues et les La Garde
le Saignes. La fin de cette période troublée fut
narquée à Maurs par un incident bien typique.
En 1591, un partisan, nommé le capitaine
Rouergat, s'était introduit par ruse dans la place
et en avait expulsé le brave La Violette, que le
gouverneur de Haute-Auvergne y avait établi.
Le comte de Missillac s'émut de cette audace et,
pour vider le différend entre les deux chefs,
ordonna qu'ils se mesureraient en champ clos.
La Violette sortit victorieux de ce duel, et le
rude gouverneur fit pendre le *Rouergat*, demi-
mort, sur le lieu même du combat. Je ne sache
pas d'exemple plus récent de ce qu'on était
convenu alors de nommer le *jugement de Dieu*.

Dans la *Châtaigneraie*, la vallée de Maurs
est la seule qui soit digne de ce nom ; les autres
ne méritent guère que la qualification de vallons.
De ce nombre est l'oasis bien vert et tout rond,
au milieu des bruyères, que la commune de
Vitrac occupe tout entier. Il est situé un peu en
arrière de nous, sur notre droite, tandis que
nous regardons vers les rives du Célé, et com-
munique avec les plaines de Maurs par la gorge
de la Rance : si bien qu'en voyant ce cirque

s'arrondir subitement à l'extrémité de ce boyau étroit et long, on songe instinctivement à ces bulles de savon que les enfants gonflent au bout de chalumeaux de paille. Le bourg s'y est choisi en un coin une place au bon soleil : on sent qu'il est parfaitement chez lui et que les collines circulaires qui bordent l'horizon sont les murailles de son domaine. Son clocher gris et la masse plus sombre de ses toitures font contraste avec les blanches façades du château de Fargues, son voisin.

Ce château offre cette particularité assez rare qu'il a toujours été aux mains de la même famille. Dès le début du XIIIe siècle, la race guerrière des Meallet y était installée, et son dernier représentant, qui mourut sous la Restauration, député et maire de Lyon, l'a légué à sa fille, la marquise de Miramon. Le nom de Fargues, qui fut celui de plus d'un vaillant homme de guerre, a brillé dans l'Église et tout particulièrement dans l'ordre de Malte ; enfin, pendant les campagnes de l'armée de Condé, il était porté par le régiment de dragons dans lequel servait la plus grande partie de la noblesse de Haute-Auvergne. Ce château était jadis une forteresse solide et batailleuse, qui subit des sièges aux XIVe et XVIe siècles, fut saccagée pen-

ant les luttes religieuses et reçut trois fois au
noins une garnison de troupes du gouverne-
nent. Mais, depuis qu'au siècle dernier, un
vêque l'a remanié et habillé au goût plus
confortable de son époque, il ne songe plus
u'à se mirer dans le lac qui baigne ses pelouses,
t se complait amoureusement dans le luxe de
es bosquets, de ses massifs et de ses cascades.
Son exemple est suivi par un autre manoir,
itué juste en face de lui, sur le sommet de la
olline : c'est le Poux, agréable demeure qu'habite
a famille d'Humières et qui, dans l'encadrement
le son joli parc, ne songe plus au terrible assaut
le 1575. A voir ces deux habitations, si bien
ampées en regard l'une de l'autre, on croirait
raiment qu'elles conversent ensemble, et l'on
'attend à ouïr quelque appel amical, quelque
oyeux « Ohé ! », remplaçant le cri d'alarme qui
lut plus d'une fois, jadis, traverser la vallée.

Seul, le gros bourg de Marcolès, derrière le
hâteau du Poux, conserve encore aujourd'hui
son aspect guerrier. Les maisons, hautes de
plusieurs étages et massées les unes contre les
autres, semblent faire face à l'ennemi, et l'on
sent que chaque fenêtre n'est qu'une meurtrière
agrandie ; la route, la grande place occupent
l'emplacement des anciens fossés ; aux deux

extrémités de la rue centrale, pleines de curieuses maisons, deux portiques fortifiés donnent entrée dans la place d'armes, bloc énorme de bâtisses élevées tout d'une pièce ; et l'église, qui par certains côtés ressemble plus à une forteresse qu'à un temple du Dieu de paix, faisait partie du système de défense de la petite cité. Marcolès était une des dix *bonnes villes* du Haut-Pays et gardait la route du vin que les muletiers de Rouergue et du Quercy apportaient dans des outres jusqu'au delà d'Aurillac. Le prieur, seigneur du lieu, tenait un rang honorable entre l'abbé de Maurs et le prévôt de Montsalvy, et conservait dans son sanctuaire de mystérieuses reliques. On murmurait que le corps du glorieux saint Martin avait été enlevé à Tours par des moines fidèles et déposé en ce lieu écarté pour le soustraire aux profanations de l'ennemi.

Mais l'authenticité du fait n'a jamais été lumineusement démontrée, croyons-nous ; et les anciens prieurs ne paraissent même pas s'être targués outre mesure de la possession de ce précieux dépôt, soit que la tradition s'en fût perdue, soit qu'ils aient eu peur de s'attirer les revendications des archevêques de Tours. Bref, on n'en parlait plus, lorsqu'au milieu de

tre siècle, le curé de la paroisse, ayant voulu
ire mettre au rebut un vieux buste de bois
i lui semblait indigne d'orner son église, fut
ès étonné de voir, dans le dos de ce buste,
ne porte de fer, fermée par une double ser-
re. Sa surprise fut plus grande encore de
écouvrir dans l'intérieur des ossements soigneu-
ment enveloppés, avec une inscription attes-
nt qu'ils avaient appartenu au bienheureux
int Martin. On les a déposés, depuis, dans
n reliquaire de forme moins archaïque, où les
lèles peuvent contempler à leur aise, à travers
n vitrage, trois gros os des jambes et un qua-
ième, plus petit. Le reliquaire primitif est
légué aujourd'hui dans un coin poudreux de
sacristie. C'est là que j'ai pu voir ce buste
énérable, vermoulu et manchot, portant les
aces bien effacées de plusieurs générations de
einture. Il est coiffé d'une mitre, et la main
isparue devait tenir une crosse ; mais l'ensem-
le du costume est d'allure toute monastique et
onviendrait plutôt à l'abbé de quelque couvent
u'à l'illustre archevêque de Tours. Dieu me
arde cependant de contester à une église de
on pays une tradition dont elle se fait gloire,
'autant plus que les Tourangeaux eux-mêmes
'ont pas cru devoir la dédaigner ! La superbe

basilique qu'ils ont élevée dans leur ville contenait bien le tombeau de saint Martin ; mais ce tombeau, hélas! depuis longtemps était vide. Aussi Mgr Guibert, leur archevêque, s'adressa-t-il au comte de La Villarmois, qui allait passer quelques mois d'été à Fargues, chez le marquis de Miramon, son beau-père, le priant de demander au curé de Marcolès quelques fragments des précieuses reliques. L'affaire se conclut sans trop de peine, entre voisins, et M. de La Villarmois accomplit sa mission à la satisfaction générale. Comme de juste, l'église de Tours ne fit pas grand bruit autour de cet événement, et peu de gens aujourd'hui s'en souviennent. J'ai tenu à le raconter, en bon patriote, parce qu'il jette quelque lustre sur Marcolès, et parce que je crois ne diminuer en rien les éminentes qualités de saint Martin en lui attribuant, par surcroît, la seule qu'on ne lui reconnaisse pas universellement, la qualité d'Auvergnat.

Sans trop bouger de place, le touriste a pu se rendre compte des aspects principaux de la contrée. Son examen terminé, l'heure est venue pour lui de regagner la route de Maurs : car déjà, du fond du précipice, où la Rance et la route cheminent côte à côte, les premières ombres montent avec les brumes flottantes du torrent. Comme les brins d'une mousse géante, les Châtaigniers tapissent les pentes, étendant leurs grands bras sur leurs troncs courtauds et rablés. Ils suivent les sinuosités du terrain, s'enfoncent en chaque repli, escaladent chaque cime, se montrent à chaque échancrure de la colline, se glissent partout, sauf au fond du ravin, où les bords de la rivière sont trop humides et trop noirs pour ces arbres épris de chaleur et de lumière. On dirait une marée de verdure qui, dans un effort vivace, remonte la gorge et tente de submerger les habitations disséminées sur la hauteur. Anxieux, le manoir de Solignac passe la tête au-dessus de la terrasse dont l'escarpement domine le ravin et surveille leur escalade ; tandis que, dressant son chef pointu, la tour carrée de Conquans les tient à distance respectueuse, et que, sur la crête opposée, la vieille gentilhommière du Noyer, entourée, débordée, n'apparait plus que comme un écueil battu par les flots...

Entre la *Châtaigneraie* proprement dite et la région des landes et des grands bois, Marcolès joue le rôle de ville frontière. C'est la clef des bruyères et le centre où vient aboutir ce demi-cercle d'épaisses forêts qui a pour base la vallée de Veynazès et qui, de La Feuillade à

La Salvetat, à Marcolès et à Calvinet, forme autour de la lande rasée une ligne presque ininterrompue de défenses. Elle est bien gardée, la jolie bruyère : et, pour y parvenir, il faut traverser bien des halliers, bien des précipices, bien des trous noirs qui semblent habités par quelque mauvais enchanteur. Comment ne pas songer aux contes de fées de sa jeunesse, lorsqu'on passe près de la cuvette profonde, toute velue, tant elle est embroussaillée de forêts, au fond de laquelle jaillit la source médicinale de Lacapelle-en-Vézie ; lorsqu'on pénètre dans les fourrés du Feydel, où les châtelains de Betheil écoutaient, la nuit, le concert des loups hurleurs ; dans la forêt de Vergnenègre, que l'ermite de Saint-Mary avait choisie entre toutes pour y bâtir son sanctuaire, ou dans le grand bois de Gaux, étendu sur sept collines et mystérieux comme un bois sacré ? Il borde tout un côté des bruyères, se continue par une série de boqueteaux jusqu'au pied de la butte de Saint-Mamet, où depuis des siècles le Vent attend à la porte de la chapelle que le bon saint Laurent ait fini sa prière ; puis, dans la direction de Marcolès, s'approche, jusqu'à les toucher, des bois du Meyniel et de la Rosade, repaires historiques d'une bande de voleurs.

De ce point jusqu'au bourg de Lacapelle-del-Fraisse, un ravin remonte, hirsute et profond : c'est une seconde enceinte qui sépare les landes de Marcolès de celles de La Salvetat. Tout en haut, le château de La Rodde commande le passage ; mais, aux époques belliqueuses de notre histoire provinciale, il était habité par une famille de robe, plus habituée aux coups de langue qu'aux coups d'épée, et qui, plus tard seulement, devait conquérir sur les champs de bataille du Canada son illustration militaire. Ses membres portaient le nom de Sénezergues. Dans la deuxième moitié du siècle dernier, tandis que l'un d'eux tombait glorieusement aux côtés du marquis de Montcalm, son frère était abbé du monastère de Maurs. C'est lui qui eut l'heureuse idée de planter autour de son château de Longuevergne, au-dessus de Marcolès, ces magnifiques avenues de hêtres, dont les restes, hélas ! disparaissent chaque jour. De La Rodde, berceau familial, de Marcolès et de Saint-Antoine, elles convergeaient sur Longuevergne : et c'étaient, à travers les bruyères, comme les rubans d'une procession immense se dirigeant vers le logis de l'abbé. Il ne fallait rien moins que ces grandioses avenues pour donner un air de vie au plateau désert où le petit clocher de

Saint-Antoine semble une borne posée aux confins du monde habitable. Le noyau de cette bourgade lointaine avait été, à l'origine, un hôpital que l'ordre monastique des Antonins avait construit pour soigner les pauvres diables atteints du feu sacré, ou mal de saint Antoine. Voilà pourquoi son église se dresse au-dessus des gorges des *Coufaus* et du Pas-Venzelin, si sauvages que la sensation de la solitude vous étreint le cœur, et non loin de la forêt de Calvinet, le massif le plus compact, le plus tourmenté du pays, inextricable labyrinthe, suprême poussée de la végétation ardente vers la lande impassible et nue.

Au delà, en effet, de quelque côté que le regard se porte, vers Calvinet ou vers Sansac, vers le Fraysse ou Saint-Mamet, on ne voit plus qu'un enchevêtrement de croupes grisâtres et violacées, si discrètement nuancées, si fondues en teintes harmonieuses que l'œil n'en reçoit d'abord que la sensation d'une immensité rose. C'est l'océan des bruyères qui moutonne en tous sens, déferle en de larges lames plates, ou se creuse et se brise, ou tourbillonne et bondit : immobile par sa grandeur et vivant par sa mouvante variété. Les bois qui tout autour s'enfoncent de la pointe des ravins au plus vif de la lande, pareils à des promontoires ; les clochers de Montsalvy et d'Aubespeyre, qui se dressent au-dessus des crevasses béantes, comme des mâtures lointaines apparues au sommet des vagues : tout complète l'illusion du tableau. Il semble qu'un souffle de colère a couru sur cette étendue et que son monstrueux effort s'est soudain pétrifié à la voix du Maître qui lui a dit : « Tu n'iras pas plus loin ! »

Nos bruyères ne sont pas tristes, comme la lande bretonne, et n'ont pas la mélancolie de l'espace morne et plat. Si, dans certaines parties, leurs contreforts sont pelés et sillonnés de larges crevasses, et si leur chevelure cache mal la tache grise du schiste qui les ronge par place comme une lèpre, il circule du moins tout autour de l'air et de la lumière. Jamais, au milieu de ces landes, malgré leur solitude et leur étendue, on n'éprouve le sentiment de l'isolement. Au plus profond de leurs replis, un tapis de verdure, où s'écoule quelque fontaine, rappelle la fraîcheur et la vie. Et quand, remonté sur la crête, on voit se développer devant soi le vaste panorama, on se sent immédiatement en pays de connaissance. Partout la haute chaîne des pics d'Auvergne se présente à la vue, depuis le Cantal massif, qui sur son crâne nu porte une loupe singulière, jusqu'aux sommets qui dominent Salers ; et, dans le vague de l'horizon, le colossal Puy-Mary et le Griou, à la pointe acérée, se dressent comme des phares sur la côte pour guider le voyageur. Condescendante, la chaîne des puys s'abaisse insensiblement sur la gauche pour donner la main aux montagnes de la Corrèze, à peine dignes de ce nom ; les collines du Quercy les continuent et s'en viennent par derrière rejoindre les crêtes plus hautes du Rouergue, qui enserrent le bassin nourricier du Lot et se relèvent jusqu'aux plateaux majestueux du Cantal. Le regard s'émousse, plutôt qu'il ne se brise, contre les barrières qui forment la clôture de ce cirque immense : barrières lointaines sans doute, mais que les gens du pays sont habitués à voir depuis leur enfance et qu'ils connaissent par leurs noms, si bien que la griserie de l'espace se tempère pour eux de la douceur des choses familières. Passants, regardez bien nos bruyères roses : qui sait combien d'années encore vous pourrez jouir du spectacle de leur immensité ! Car déjà, un peu partout, de petites pointes vertes se montrent, plants d'essence étrangère, que la bruyère inconsciente protège et qui ne tarderont pas à l'étouffer : ce sont les semis de pins jetés au travers de la lande, et dont la vogue va croissant chaque jour. Bientôt ce territoire sera devenu un vaste canton forestier, et, sur les plateaux où les lièvres gambadent librement au clair de lune, les sangliers, les loups et les renards trouveront pour s'abriter des fourrés impénétrables.

Ce sera tant pis, ma foi, pour le coup d'œil : car nous y perdrons à la fois le charme d'un coloris peu banal et la vue des vertes vallées qui forment une bordure éclatante à ce tapis de bruyères plus discrètement nuancé. Le touriste, d'ailleurs, ne sera pas seul à regretter l'immensité des landes ; l'autorité militaire y perdra un champ d'exercices aussi vaste que commode : car, tous les ans, pendant la belle saison, le régiment d'Aurillac vient camper autour de Lacapelle pour y faire des manœuvres de tir ; et c'est un joli spectacle de voir, la veille du départ, nos petits soldats grimper allègrement à l'assaut du monticule que couronnent « les Trois Arbres de Fraysse ». C'est le point culminant du pays, et la nature l'a placé, comme une borne, sur la même ligne que la Bastide du Haut-Mont, Saint-Laurent de Saint-Mamet et la butte de Montsalvy, pour jalonner vers le nord les frontières de la Châtaigneraie.

De cette hauteur, l'œil embrasse l'horizon et, par delà le plateau de Montsalvy, devine d'autres ravins encore. Dominant la ville, le puy de l'Arbre semble nous inviter à venir à lui. Mais cette excursion nous entraînerait trop loin, dans un pays qui mérite une étude spéciale, et nous ne franchirons pas la jolie vallée de Veynazès, plus creuse que large, où les communes de Sansac et de Junhac sont allongées. Au-dessus de la vallée, nous apercevons, sur la gauche, le gentil castel de Menthière, retiré à la limite des bois. A l'autre extrémité, sur la droite, voici le plateau fertile où les communes de Calvinet, de Mourjou et de Cassaniouze se cachent sous les châtaigniers; et cette tache blanche qui émerge gaiement du sein de la verdure, c'est le clocher de l'église de Mourjou. Non loin de là, la grosse tour de La Motte montre sa tête coiffée d'une toiture bizarre et ronde comme la salade d'un archer gascon, et l'on devine confusément la forme du beau château qu'elle domine.

Le bourg de Calvinet est curieux, et ses maisons ne manquent pas de couleur locale : elles sont superposées les unes aux autres, ou rangées le long de la rue principale, qui est en même temps la route. Mais il faut des chevaux du pays, au pied sûr, aux franches épaules, pour affronter les pentes inusitées de cette voie, dont le tracé est évidemment emprunté aux époques où les châtelains auvergnats ignoraient l'usage du carrosse: car c'est par là qu'on accédait au château, solide forteresse, aujourd'hui rasée, qui occupait la plate-forme au-dessus du bourg. Ainsi s'explique le mouvement d'ensemble avec lequel toutes les maisons se serrent et s'entassent autour du rocher.

Sans le plateau de Calvinet et de Cassaniouze et sans les contreforts moins fertiles, où le château de Cours, observateur impassible, dresse comme un pompon, au beau milieu de sa massive toiture, un pigeonnier carré, les bruyères se continueraient jusqu'aux ravins profonds du Lot. Car, en dessous du bourg de Junhac et du coquet castel de Mazergues, la jolie vallée de Veynazès s'assombrit et s'étrangle, devient hirsute et menaçante et se remplit d'un mystérieux effroi. Soudain elle débouche en face de Sénezergues : alors, comme affolée, elle se précipite, se dérobe en zigzags par des bonds d'une hauteur effrayante, qui toujours l'entraînent plus bas, vers des profondeurs que les flancs tortueux de la montagne ne laissent pas deviner: c'est une course éperdue et toujours plus rapide, presque une chute, au milieu des halliers sauvages, des rochers schisteux, des bruyères rapées ; et l'on dirait qu'elle a hâte d'échapper au torrent, dont le grondement sourd la poursuit. Ne croyez pas que j'exagère l'impression singulière dont palpite le cœur, lorsqu'après avoir serpenté longtemps le longs de ces ravins mystérieux, on se trouve en face des « Portes du Don ». Un sentier étroit et montueux, ou pour mieux dire un escalier, s'engage entre deux parois de rochers bien tristes, bien hauts, en partie couverts de lierre et qui bordent l'abîme béant : tout au bout, c'est le ciel seul qui paraît, et l'on ne sait si l'on va se trouver en présence de l'immensité morne ou de quelque jardin merveilleux. Annales guerrières du moyen-âge, avec vos chemins de ronde suspendus au sommet des remparts fantastiques ; légendes chrétiennes, où la porte des Limbes est gardée par deux anges sombres comme la nuit ; contes de l'enchanteur Merlin, et vous, fables mythologiques qui nous conduisez à l'antre de la Pythonisse, lequel de nous, en se repaissant de vos imaginations troublantes, ne leur a pas donné un cadre pareil à celui-ci ? Aussi, malgré le tapis de gazon qui enserre parfois le torrent, malgré la verdure des bois mêlée à l'aridité des massifs de bruyères, l'œil ne voit ce tableau qu'au travers de la brume qui lui monte du cœur et ne conserve que l'impression d'une teinte grise comme une tristesse...

Qu'un saint homme ou un misanthrope soit venu construire au fond du ravin l'ermitage du Don, aujourd'hui détruit, mais vivant encore par ses légendes, cela se conçoit sans peine. Mais que des seigneurs puissants aient eu l'idée de s'établir à l'entrée de la gorge déserte, cela paraît extraordinaire : et le château de Sénezergues, quoique construit à pic au-dessus de l'abîme, semble si bien enterré au fond d'un trou, quand on le regarde des hauts plateaux, qu'on est tenté de rire à l'aspect piteux de cette forteresse et de faire rouler quelques gros cailloux sur ses murailles. Cependant les châtelains du lieu étaient gens de grande race. et les cinq hautes tours qui étreignaient leur robuste donjon levaient le front fièrement, sans se sentir diminuées par le voisinage des crêtes supérieures. C'est qu'autrefois les gorges les plus profondes et le lit des torrents servaient de route aux armées : l'invasion pénétrait dans le Haut-Pays en remontant par les crevasses de la montagne, comme le brouillard en hiver ; et Sénezergues était une des forteresses qui gardaient les frontières du Carladez, depuis que les murailles légendaires de Castel d'Auze n'étaient plus que des ruines au milieu des précipices.

C'est pour une raison semblable qu'on avait construit le château de Roquemaurel, de l'autre côté de l'éperon de bruyères qui sépare la gorge du Don des ravins descendant du côté de Cassaniouze et de Mourjou. Mais cette forteresse, battue par les quatre vents du ciel, au contraire de celle de Sénezergues, dominait la contrée, surveillant toutes les crevasses de la montagne et tressaillant à tout mouvement suspect. Les châtelains de Roquemaurel voyaient à leurs pieds le Haut-Pays et le Rouergue s'unir dans le lit du Lot, et leur horizon s'élargissait de la rencontre des ravins auvergnats avec le boyau étroit, profond, vertigineux, où la rivière, depuis Entraygues, se fraye un passage entre les deux pays ; puis, en face et tout autour d'eux, c'étaient les croupes de bruyères, les parois nues et l'escarpement massif des roches schisteuses, la maigreur des taillis, la profondeur des forêts plus lointaines, et, dans les replis que chauffe le soleil du midi, les massifs des châtaigniers gais et confortables; enfin, de l'autre côté de l'abîme, pour animer le tableau et figurer le voisinage et la vie, le petit clocher du Prat, sur la crête ardue, et, dans le fond, au bord de la rivière, un village de pêcheurs, Saint-Projet, endormi bien au chaud, comme un lazarone napolitain.

Au temps où ces lieux, d'accès si difficile, étaient plus impraticables encore et que d'épaisses forêts, tapissant les pentes aujourd'hui demi-nues, dérobaient au voyageur la vue des crêtes voisines, vers la fin du XIe siècle, un saint religieux, nommé Gausbert, était venu se réfugier, loin du monde, sur les bords déserts du Lot. Comment la réputation de ses vertus parvint-elle à franchir les fourrés impénétrables? Une indiscrétion fut-elle commise par l'ermite du Don, son voisin ? Toujours est-il que le saint homme connut malgré lui les curiosités de la foule, et qu'un cercle toujours grossissant de disciples vint se former autour de lui. Bientôt un monastère s'éleva en ces lieux, sous le patronage de saint Projet ; et Gausbert, toujours hanté par sa vocation d'ermite, s'éloigna de nouveau et tenta de retrouver sur la crête des montagnes la solitude que les ravins lui avaient refusée. C'est ainsi qu'il posa la première pierre de la ville de Montsalvy : car ce fondateur inconscient portait en lui le germe qui fait sortir les cités de dessous terre. Il ne se doutait certainement pas, lorsqu'il était venu construire sa cabane au bord du Lot, qu'un couvent de chanoinesses y florirait plus tard, en même temps que les châtelains du voisinage, Archambaud de Laroque-Sénezergues et Bethon de Roquemaurel, deviendraient de beaux seigneurs de la cour des Valois. Aurait-il pu croire surtout que les idées mondaines réussiraient à pénétrer en cet endroit sauvage, au point de détruire la sainteté de la règle et la fermeté de la discipline ? Un jour vint même où des querelles d'ambition divisèrent si bien la communauté que le sang coula. Alors le monastère fut dissous et ses bâtiments abandonnés. Et l'église, qui seule était restée à peu près intacte, vient tout récemment d'être la proie des flammes. La disparition du couvent a enlevé une partie de la vie de cette localité, le phylloxera lui a ravi sa richesse : et Saint-Projet, le long de la rivière, dort d'un sommeil pareil à celui de la mort.

Cependant le Lot poursuit sa course entre les hautes murailles de son domaine. En passant sous les arches toutes rouges du pont de Coursavy, il n'est plus en terre auvergnate, et le paysage semble avoir pris déjà une teinte méridionale. A droite, la Vinzelle et son château, tout ce qui reste d'une ville jadis solide et populeuse, le regardent passer ; et, sur la gauche, une gorge étroite, presque un couloir, se dérobe comme un lézard peureux : car elle donne accès dans le ravin perdu où l'abbaye de Conques cache les souvenirs de sa magnificence.

Se peut-il qu'un territoire si favorable à la guerre de partisans ait eu l'histoire banale des contrées ouvertes et faciles? On rêve, en le traversant, d'embuscades meurtrières et de noirs attentats. Et je regrette de ne pas avoir sous la main les documents du Moyen-Age et du XVIe siècle : car les annales des temps plus rapprochés de nous en laissent supposer long sur les annales du temps passé. J'ai raconté déjà, dans une étude sur la Maréchaussée, les difficultés que celle-ci rencontrait sous l'ancien régime pour faire respecter la loi dans le pays de Montsalvy. J'ai montré les paysans soulevés contre les collecteurs des tailles et livrant de véritables batailles, arrachant aux sergents leurs prisonniers, refusant de loger les régiments qui passent, guettant les traîneurs aux détours des chemins et ne se gênant pas pour occire les archers de la prévôté.

Quand éclata la Révolution il y eut dans le canton comme un haut-le-corps instinctif : et le paysan, attaché à ses vieilles choses et à ses vieux usages, n'admit pas facilement qu'on s'en vînt tout bouleverser chez lui : car parmi ses forêts, ses ravins et ses landes il se sentait bien à l'aise et plus fort que les agents des pouvoirs publics. Les meneurs d'Aurillac se décidèrent donc à frapper tout d'abord un grand coup ; et leur chef, le futur général Milhaud, organisa à la Feuillade, sur les plateaux qui dominent le pays, un camp où les gardes nationales des paroisses patriotes vinrent s'unir en une fédération menaçante. Pour que nul n'ignorât leur présence et ne se méprît sur leurs intentions, ces bonnes gens incendièrent en deux jours les trois principaux châteaux de la contrée, Montlauzy, La Besserette et Sénezergues, pillèrent les autres, puis se retirèrent, persuadés que personne n'oserait broncher. En cela ils se trompaient : car rien ne put engager les paroisses du Veynazès et des ravins du Lot à reconnaître les prêtres *jureurs*; et la violence ne réussit qu'à amener l'effusion du sang, comme à Sénezergues. Il y eut dans cette paroisse un combat meurtrier entre les habitants et les gardes nationaux chargés d'introniser le curé constitutionnel : et le millier d'hommes armés que le directoire du département avait cru devoir envoyer sur les lieux ne réussit qu'à rétablir une ıix illusoire ; car si les journées semblaient lmes, les nuits étaient sillonnées de coups de ıı.

A partir de ce moment un frisson de rébellion ; cessa de secouer toutes ces contrées. Les ·êtres insermentés y affluèrent, trouvant dans s gorges du Don et de Saint-Projet, un refuge autant plus assuré que les habitants, d'une ête à l'autre, par-dessus les abîmes, criaient ır le passage des gendarmes, comme les bers à l'approche du loup. La plupart, en effet, aversèrent sans trop d'encombre la période guë de la persécution et purent reprendre plus rd paisiblement leur ministère. Il faut en excepter pourtant le pauvre abbé de Méallet de aulat, prévôt de Montsalvy, qui, pour avoir u trop vite à l'apaisement des esprits après la ıute de Robespierre et s'être trop tôt montré, ıt condamné à mort par le tribunal de Figeac marcha au supplice, revêtu de ses ornements ıcerdotaux. Bref, ce pays se montra si réfracıire à la Constitution civile du clergé, qu'aujourd'hui, après tant d'années de bouleversements, d'innovations et de scepticisme, il se rouve encore au fond des ravins quelques familles qui n'ont même pas voulu accepter le Concordat. Leurs membres mènent une existence retirée et patriarcale sous la direction du chef de famille, qui représente l'autorité de Dieu depuis la mort de leur dernier prêtre ; on les appelle, je ne sais pourquoi, « les enfarinés ».

Faut-il, pour animer un peu la description de ce pays et mettre des personnages dans mon tableau vous raconter les aventures de M. de Cassaniouze ? L'histoire n'est peut-être pas bien neuve et l'auteur de *La Révolution en Auvergne* a déjà pris les devants : mais il n'en a pas connu les détails les plus dramatiques.

Sous le règne de Louis XVI, Jean-Louis de Pélamourgues demeurait à *la Guillaumenque*, dans la paroisse de Cassaniouze, dont il était seigneur. C'était un homme de haute stature et de belle prestance, vigoureux et agile, bien à l'aise au milieu des ravins et des bois, comme un brave gentilhomme campagnard qu'il était, grand chasseur de lièvres et de perdrix. Dès les débuts de la Révolution, entraîné par l'exemple des de Fargues, il avait suivi l'exode de la noblesse et signé l'Acte de Coalition. Mais il n'avait pas émigré : car s'étant dirigé d'abord sur Lyon, où se tramait une tentative de contre-Révolution, il se trouva surpris par l'échec piteux du complot et se cacha dans cette ville. Cependant, son absence ayant été constatée, il

ut porté sur la liste des émigrés et ses biens
nis en vente. Un acquéreur se présenta qui fit
emplette à bon compte : car on chuchotait,
ıon sans raison, parait-il, qu'il était le manda-
aire de l'ancien seigneur, et dans ce pays
ebelle aux principes révolutionnaires les voisins
e gardèrent bien de lui faire concurrence.
lais Revel (c'était son nom), une fois installé
lans les beaux domaines dont l'arbitraire de la
ıation l'avait rendu maître, oublia vite ses
onnes intentions; et lorsque, quelques années
lus tard, Cassaniouze fit tâter le terrain auprès
le lui, il répondit par un énergique : « J'y suis,
'y reste ». On était alors à la fin de 1799 ; la
'rance commençait à se rouvrir aux proscrits,
t Pélamourgues, voyant qu'il s'était mépris
ur la loyauté de son ancien ami, voulut au
noins lui contester la légitimité de l'acquisition.
l prouva qu'il n'avait jamais émigré et tenta
le rentrer chez lui par les moyens juridiques.
Éconduit de partout, désespéré, il déclara la
uerre à l'usurpateur de ses biens et à la forme de
ouvernement nouvelle dont l'aurore avait rougi
ı Aurillac du sang de M. de Niocel, son beau-
père. Alors commença pour lui une véritable
existence de bandit Corse. Il tint les ravins et
la lande, comme là-bas on tient le maquis,

passant ses journées dans les bois et ses nuits dans les granges. Entouré d'une bande de gars hardis, la plupart réfractaires de la conscription, il s'était fait redresseur de torts, avait pris sous sa protection le clergé insermenté, et n'y allait pas de main morte. Un jour il tue un gendarme qui emmenait un prêtre en croupe et garde pour lui la monture ; une autre fois ayant appris qu'on avait arrêté l'abbé de Méallet de Polvrières, il s'embusque sur le chemin d'Aurillac avec sa bande et délivre le prieur, non sans laisser derrière lui deux cadavres. Mais Revel surtout était sa bête noire. Il l'épiait, le harcelait, tirait la nuit des coups de feu contre ses fenêtres, détournait ses bestiaux, ravageait ses récoltes, menaçait son fermier et ses domestiques : si bien que l'infortuné ne trouvait plus personne pour cultiver son domaine. Enfin un soir il pénétrait dans la grande salle de La Guillaumenque, à l'heure où Revel et les siens étaient réunis sous le manteau de la cheminée ; et sans la présence d'esprit d'un domestique qui détourna le coup, c'en était fait de l'usurpateur. Cassaniouze, désarmé, se retira en jurant qu'une autre fois il serait plus adroit.

Il revint en effet une nuit, escorté de quelques compagnons et de Battut, son ancien garde-chasse et son âme-damnée ; mais cette fois Revel, averti, avait fait venir la maréchaussée : un combat s'engagea dans les ténèbres et deux gendarmes restèrent sur le carreau.

Affolé, sentant peser sur lui cette haine mortelle, Revel s'enfuit à Montsalvy et ne sortit plus sans être accompagné. Mais Cassaniouze rôdait autour de sa victime. Un jour que Revel devait aller à Aurillac, il l'attendit avec Battut, en plein jour, au bas de la côte de Prunet. L'homme n'était pas seul, et chevauchait de concert avec un bourgeois du pays. Mais quand il vit son ennemi sortir du fourré et sauter à la bride de son cheval, il se sentit perdu et demanda miséricorde : « Poursuis ton chemin, commanda Cassaniouze au bourgeois que Battut couchait en joue, et sur ta vie ne regarde pas en arrière avant d'avoir gagné le haut de la côte. » Celui-ci pressa donc le pas de sa monture, et lorsqu'il pensa être en droit de se retourner, il aperçut, agenouillé au milieu du chemin, Revel auquel son meurtrier accordait généreusement une minute pour recommander son âme à Dieu.

L'administration, émue de tant de meurtres, organisa des battues, envoya dans les maisons suspectes des garnisaires que les habitants devaient nourrir et payer à leurs frais : tout fut inutile et la trahison espérée ne vint pas. Car, outre la crainte qu'inspirait la vigueur peu commune de M. de Pélamourgues, il y avait dans ce pays de Chouans un courant d'opinion favorable à sa cause. D'ailleurs ce tueur de gendarmes avait des amis jusque dans la place : et c'est une tradition certaine que le maréchal-des-logis de la brigade de Maurs, nommé Chabanon, le faisait prévenir chaque fois que quelque expédition s'organisait contre lui. Une tragique méprise mit fin à ce long drame. L'autorité départementale avait massé quatre brigades dans le village de Saint-Antoine pour fouiller le pays en tous sens. Or, un soir que les bons gendarmes charmaient les loisirs de leur garnison en dansant à la noce d'un notable de l'endroit, ils furent informés par l'indiscrétion de quelque buveur que M. de Cassaniouze logeait en ce moment dans la maison de sa femme, en plein bourg de Mourjou. Les chefs décidèrent aussitôt qu'à la pointe du jour on irait cerner la maison et surprendre au lit le rebelle. Le brave maréchal-des-logis, son ami, ne sachant comment l'avertir, avisa le joueur de musette qu'il savait entièrement dévoué à la famille de Pélamourgues, et lui recommanda, aussitôt le bal terminé, de courir donner l'alarme à Mourjou,

Ialheureusement le *cabretaïre*, surpris par les 'umées du vin et par la chaleur d'une belle soirée de mai (c'était l'époque heureuse où ce nois méritait encore d'être appelé *le beau mois le mai*), s'endormit dans une grange, oubliant sa commission.

Dès l'aube les gendarmes entourèrent le logis le Cassaniouze, enfoncèrent la porte qui restait obstinément close ; et Chabanon, riant sous ·ape, monta le premier pour juger de la décon-'enue de ses compagnons.

Quel ne fut pas son effarement, lorsqu'arrivé ·n haut de l'escalier il se trouva face à face avec ·elui qu'il croyait bien loin! En le reconnaissant Cassaniouze eut un soubresaut, et s'imaginant lans la soudaineté de cette apparition que son ami l'avait vendu : « Ah ! traître, lui cria-t-il, tu nourras avec moi ! » Et l'infortuné Chabanon, a tête traversée d'une balle, roula au bas des legrés. Ce fut alors entre cet homme seul et la roupe des assiégeants une lutte effroyable dans es ténèbres. Cassaniouze, quoique mortellement atteint d'un coup de feu, soutenu par sa femme et par sa fille, eut encore la force de poignarder un de ses ennemis : et pour l'achever (tant était grande la terreur qu'il inspirait !) il fallut qu'un gendarme, profitant d'un interstice dans les barreaux de l'escalier, lui lâchât un coup de fusil dans l'ombre, au petit bonheur, au risque d'atteindre des innocents.

Puis le cadavre, chargé sur un mulet, comme un ballot de farine, fut porté à Aurillac et exposé à la curiosité publique dans la cour d'une auberge de rouliers. La tradition rapporte que le commandant de gendarmerie, venu pour constater l'identité du mort, s'emporta contre le meurtrier de ses meilleurs soldats, l'injuriant et le frappant à grands coups de pied ; et à chaque fois un flot de sang s'échappait de la bouche du rebelle vaincu...

Avec Monsieur de Cassaniouze s'évanouit le prestige de la Chouannerie ; et Battut, qui n'était pas, comme son chef, entouré de l'auréole de la proscription, s'aperçut vite qu'il n'était pas en sûreté au milieu de la population. Aussi ne le voyait-on qu'armé jusqu'aux dents et portant une ceinture de pistolets et de poignards. Mais la trahison le guettait, et peu de temps après les gendarmes furent avertis qu'il devait se rendre à une noce et qu'on était disposé à le leur livrer. Battut ne se séparait jamais de ses armes, même en dansant ; mais, ce jour-là, une fille qu'il courtisait lui déclara qu'elle ne consentirait jamais à avoir pour cavalier un arsenal vivant. Alors, comme un amoureux bien sage, cédant à ce caprice de femme, il déposa sur la table sa terrifiante ceinture : et c'est ainsi que les gendarmes apostés cueillirent sans peine, au beau milieu d'un entrechat, l'insaisissable et dangereux bandit.

De nos jours, Cassaniouze et Battut ne rencontreraient plus, pour accomplir leurs exploits, un terrain aussi favorable. On a reculé partout la limite des forêts ; les routes sillonnent la Châtaigneraie ; le chemin de fer en traverse une partie, et j'entends parler de tramways routiers qui s'enfonceront bientôt au plus profond des précipices. Malgré cela, je crains bien que le pays ne retrouve jamais son animation d'autrefois, alors qu'il avait sa vie et son histoire propres et qu'il était « quelqu'un » au milieu des territoires voisins.

A moins que les touristes, conquis par le charme de sa poésie, ne l'adoptent quelque jour, il ne reverra plus autant d'Anglais que pendant les longues années du XIVe siècle, ni autant de brillants uniformes que sous le règne de Louis XIII, quand la *Châtaigneraie* était le grand chemin des troupes se rendant dans le Midi et le centre de leurs quartiers d'hiver. Jamais, sans doute, ne reprendront leur existence d'antan, ces vieilles demeures délabrées que l'on rencontre un peu partout, massives, empanachées de toitures énormes et constellées de lucarnes, témoignant de l'existence d'un grand nombre de familles prépondérantes, aujourd'hui disparues.

Si l'on circule plus librement dans le pays, c'est d'abord parce qu'il est mieux percé et aussi parce qu'il se dépeuple chaque jour. En se rapprochant du centre, il perd de sa personnalité, et la grande Patrie absorbe la petite. Est-ce un mal? Est-ce un bien? Il ne m'appartient pas de conclure. Mais je salue, du moins, les témoins immuables de toutes ces vieilles choses : les châtaigniers, les bruyères roses et les ravins gris.

UNE AVENTURE DE CARNAVAL A AURILLAC
au XVIIIe siècle

Une Aventure de carnaval à Aurillac

AU XVIIIe SIÈCLE

Un très aimable érudit m'a remis l'autre jour un manuscrit du XVIIIe siècle [1], m'assurant qu'il y avait là-dedans la matière d'un article pour la *Revue de la Haute-Auvergne*. C'est un mémoire qui contient des enquêtes, des dépositions de témoins, des suppliques, des expertises et des arrêts ; on y parle d'assassinats et d'entreprises criminelles, et tout l'appareil de la justice y semble mis en mouvement. Pourtant au fond de tout cela aucune affaire sérieuse n'apparait : potins de salons et facéties de carnaval, ce sujet est de ceux qu'une revue moderne insérerait sous la rubrique « Mondanités ».

C'est un écho des joies du vieil Aurillac, alors que nos pères fêtaient les jours gras avec autant de conscience qu'ils observaient les austérités du carême : écho lointain, affaibli, mais vibrant encore d'éclats de rire et de colère, de l'effarou-

---

[1] Ce manuscrit fait partie de la collection de M. Jean Delmas.

chement des bourgeois et du pédantisme des savants en us.

Faire une chronique mondaine dans une publication rétrospective n'est pas chose facile ; car l'écrivain n'a pas l'aide des gazettes qui, à notre époque, le renseignent à point sur le dernier bal ou le dernier concert. Pour que le souvenir d'une fête déjà plus que centenaire ne se soit pas dissipé avec l'accord final des violons, tandis que par les fenêtres ouvertes on chassait la lourde fumée des chandelles et des quinquets, il a fallu que derrière les robes des belles dames, les procureurs et les huissiers aient traîné leurs chausses, que les scribes et autres gâcheurs de papier de cette époque procédurière aient eu l'occasion de s'en donner à cœur-joie, bref que cette fête ait été marquée par un événement extraordinaire, une descente de police par exemple.

Miséricorde ! les gens de justice... au milieu d'un bal !... Parfaitement, et non pas dans une salle d'auberge ou dans un tripot, mais dans la meilleure société, chez un procureur du Roy qui recevait ce soir-là tout ce qu'Aurillac renfermait de plus respectable et de plus distingué. Aussi, après 120 ans écoulés, quelques personnes se souviennent encore d'avoir entendu raconter ces événements tragi-comiques, au cours desquels on ne versa pas de sang, mais beaucoup d'encre et beaucoup de bile, et aussi certaine drogue nauséabonde et tenace... Mais n'anticipons pas sur la marche de ce récit.

Donc, à Aurillac, on s'amusait ferme pendant le carnaval de 1775. Sans doute on n'y donnait pas de grandes fêtes ; car en Haute-Auvergne les mœurs étaient simples, les fortunes modestes, et les gens d'âge mûr savent que dans ce pays lointain et peu praticable le luxe est une importation récente. D'ailleurs, à la fin du siècle dernier, les familles riches, celles qui s'étaient frottées aux splendeurs de la cour, avaient toutes, ou à peu près, déserté la montagne pour se rapprocher du soleil royal, des cités élégantes et des provinces largement ouvertes. Il ne restait que la grosse bourgeoisie locale, les officiers de judicature, un petit nombre de familles nobles de la banlieue, généralement peu fortunées, et trois ou quatre seigneurs de plus grande importance que des raisons spéciales retenaient à Aurilllac. Les villes véritablement aristocratiques du pays étaient Salers, le Mur-de-Barrez et Saint-Céré. Mais si, à Aurillac, on ne faisait étalage d'aucun faste, en revanche, les réunions étaient nombreuses et gaies et toujours précédées d'un souper où régnait l'abondance, ce luxe traditionnel de l'Auvergnat. Heureux temps, où il était permis de s'amuser simplement, où, pour donner un bal, il suffisait, en sortant de table, d'envoyer quérir les violons, où les gens d'une condition sociale similaire étaient en droit, sans être invités, d'accourir dans la nuit, au son de la musique, comme ces papillons qui s'en viennent voleter autour de la lumière de la lampe !

Le programme mondain était particulièrement chargé pour la soirée du lundi gras de cette année 1775. Outre des dîners intimes chez MM. de Peyronnenc et de La Garde, trois maisons s'étaient mises en frais de recevoir nombreuse compagnie,

Les gens graves, ceux qui ne dansaient pas, ou simplement les amateurs de bête-ombrée, s'étaient réunis à souper chez l'avocat Louis Devèze. Il y avait là Déaura, beau-père de l'amphytrion, et Falvelly, son ami intime, un trio de procureurs, Caylus, Mespoulhès et Manhès, le notaire Delsuc, le médecin Revel, bien d'autres encore ; mais, somme toute, peu de femmes. D'ailleurs, que seraient-elles venu faire dans cette maison, où l'on ne quittait la salle à manger que pour s'asseoir à la table de jeu ?

Chez l'apothicaire Bouigues, la jeunesse et, je

pense, aussi le menu fretin s'étaient donné rendez-vous. On y menait grand tapage, on y «folâtrait», suivant l'expression pittoresque de ce procès-verbal de carnaval, où, sous l'imperturbable banalité de la rédaction, on devine pourtant que les invités de l'apothicaire devaient manquer un peu de décorum.

Enfin, le beau monde soupait chez maître François Lapeyre, conseiller du Roy et son procureur en l'élection générale de la ville. C'était la fine fleur de la société d'Aurillac : d'abord ces Messieurs de l'élection, les conseillers Fornier de la Royrie et Julhes de Foulan, avec Delolm de Lalaubie, leur président. Le présidial était aussi dignement représenté, car les deux compagnies vivaient en bonne intelligence. Citerai-je des noms? En voilà à rendre jaloux un reporter du *Gaulois* : les Verdier du Barrat, les Collinet de Niossel, les Esquirou de Parieu, les Carrière, les Capelle, les Fortet, les Lacarrière de Latour, les Salvages de Clavière, les Delzons, les Crozet d'Hauterive, les Guittard, puis les avocats Pagès, Destanne, Lolier, Lassalle et Armand. La plupart de ces magistrats n'atteignaient pas la quarantaine, s'il faut en croire les indiscrétions du procès-verbal : ce qui laisse supposer que, hors du tribunal, ils dépouillaient avec leur toge un peu de leur gravité et que, ce soir-là, dans le salon du conseiller Lapeyre, les femmes étaient jeunes et aimables. D'ailleurs, pour égayer la réunion, quelques hommes d'épée s'étaient mêlés aux gens de robe : le lieutenant Verdier de Lamontade, fils du premier magistrat du Présidial, l'ancien garde du corps Delorut, Lespinat de Boussac, officier de la légion de Soubise, et les deux frères Saint-Martial, qui jouaient dans Aurillac aux seigneurs bons enfants et se drapaient, par tradition de famille, dans un pan du manteau du saint comte Géraud : l'aîné, qu'on nommait le baron de Conros, éblouissant dans son uniforme des cuirassiers de la Reine, était la coqueluche des dames de la ville ; le cadet, dit le chevalier, à peine hors de pages, jouissait déjà d'une popularité qui, pendant les premiers troubles de la Révolution, devait survivre à la proscription des gentilhommes. Dans l'assistance chacun rivalisait de gaieté : si bien qu'après souper l'amphytrion, mis en belle humeur, dit aux jeunes gens qui demandaient à danser : « Soit ! qu'on aille chercher les violons ». Quelques instants après, comme dans les contes de fées, les musiciens étaient à leur poste et le bal battait son plein. Sans doute, nous avons fait bien des progrès depuis cette époque, mais je doute qu'aujourd'hui on puisse se procurer sur la place d'Aurillac un orchestre en cinq minutes.

Au bruit de la musique, on vit surgir de toutes parts de nouveaux danseurs, qui s'échappaient des autres réunions où l'entrain commençait à diminuer. La plupart entraient là sans être invités, uniquement parce qu'ils pensaient s'y amuser plus qu'ailleurs : parmi eux nous citerons Vernhes, marchand tailleur, le procureur Besse et trois masques qu'après mille quiproquos on reconnut pour être les trois avocats Hébrard, Boisset et Cabrespine.

Entre onze heures et minuit, les personnes âgées commencèrent à se retirer. Mme de Puycastel, femme du lieutenant général Verdier du Barrat, donna la première le signal, laissant sa fille à la garde du jeune Lamontade, son fils. Galamment, le maître de maison offrit sa main à Mme la Présidente pour la reconduire à son logis, tandis qu'un laquais de la dame les précédait dans la rue avec un fallot. Sa politesse faite, le conseiller Lapeyre s'en revint à tâtons chez lui dans la nuit froide : mais quelle ne fut pas sa stupéfaction, lorsqu'en franchissant le seuil de sa demeure, il se heurta à deux estafiers qui croisèrent la bayonnette devant lui et lui signifièrent qu'ils avaient ordre de ne laisser entrer ni sortir personne.

Pour l'intelligence de ce récit, il convient, à la manière des romans-feuilletons, de remonter un peu en arrière. Il y avait alors dans la bonne ville d'Aurillac un joyeux compagnon, nommé Hébrard, fils d'un grave conseiller au Présidial. Au début de la soirée, tout en « folâtrant » chez l'apothicaire Bouigues, ce jeune homme, la fleur du barreau d'Aurillac, eût l'idée de revêtir un déguisement pour s'en aller dans les divers salons de la ville intriguer les assistants. Son ami Boisset, auquel il fit part de son projet, accepta de se costumer en paysan. Quant à lui, il s'affubla d'un jupon, d'un mantelet et d'un masque, au grand déplaisir du beau sexe ; car il était fort joli garçon avec son élégant costume de soirée en drap rouge galonné d'or. Je pense que toutes les demoiselles s'employèrent à le travestir : mais je laisse au seul Hébrard la responsabilité de la farce d'un goût douteux qu'il méditait. Il pria l'apothicaire, son hôte, de lui fournir un flacon d'Assa Fétida, « quelque chose de bien puant, afin d'éloigner les indiscrets qui chercheraient à pénétrer son incognito » ; puis, suivi de son fidèle Boisset, il commença sa tournée. Sa première visite fut pour l'avocat Devèze. Mais son entrée eut peu de succès, et les joueurs de bête-ombrée, qu'il dérangeait dans leur partie, l'envoyèrent à tous les diables, lui et le carnaval. Alors, pour se venger, il jeta dans le vestibule son flacon et s'enfuit à toutes jambes, en laissant derrière lui une odeur si insupportable que rien que « la M... du Diable» pouvait lui être comparée. Tant pis, le grand mot est lâché! Et j'en demande d'autant plus pardon aux lecteurs qu'à cette époque le mot n'était pas encore historique. Mais, comme je le trouve inscrit tout au long dans le procès-verbal, avec l'approbation du lieutenant criminel, sous le contre-seing du greffier Palis et le contrôle du notaire Delsuc, je ne me crois pas en droit d'atténuer la force de ce véridique récit par une pudeur inconnue de ces honorables magistrats.

Aussitôt grand émoi chez les Devèze. La maîtresse de maison se trouve mal, la servante hurle, toute l'assistance effarée se bouche le nez. Soudain, revenant à elle, la dame s'écrie qu'on a voulu les empoisonner, qu'elle a reconnu le coupable : «C'est le fils Hébrard, qui en veut depuis longtemps à mon mari, qui a juré sa perte : si bien que mon mari n'ose plus sortir la nuit sans être accompagné... et patati et patata... » Sur ce, le médecin Revel, pensant faire sa cour, examine le liquide et déclare solennellement que c'est un poison subtil et volatil des plus dangereux. « Vite, qu'on aille quérir la police! » On court chez M. de Niossel ; mais il est au bal Lapeyre. On se rabat sur Pagès de Vixouzes, le lieutenant particulier criminel, qu'on a grand'peine à trouver chez M. de Lassalle, où il soupe. Enfin, muni d'un ordre de sa part, on se met à la recherche du sieur Lacoste, exempt de la maréchaussée ; encore un qui est en fête quelque part ! Que diable, les malfaiteurs devraient bien laisser à Messieurs de la justice le temps de faire leur carnaval !

Tout à coup, dans un des appartements de la maison où logent les Devèze, on entend une voix de femme crier « au secours ». C'est la demoiselle Delsol, fille du propriétaire, qui, éveillée par le vacarme, s'imagine que le feu est à l'immeuble. A cet appel, l'exempt apparaît de l'autre côté de la rue, sortant de l'hôtel de M. de Peyronnenc. Au même moment, le bourgeois Delsol se montre à la fenêtre, en bonnet de coton, et somme l'avocat Devèze de lui donner la raison de tout ce bruit. Dans la rue, on s'attroupe, on s'échauffe et les commentaires vont leur train, tandis que là-haut la vieille demoiselle est prise d'une crise de nerfs, parce qu'on est venu lui emprunter un de ses chats pour faire l'expérience du poison. Enfin, un passant explique qu'il a vu entrer des masques chez M. Lapeyre. « C'est là que sont nos assassins, s'écrie Mme Devèze ! » Et la voilà qui pousse son mari, son père, tous ses invités, dans la direction de la maison suspecte. L'exempt n'a que le temps de requérir deux cavaliers de la maréchaussée, et aussitôt la petite troupe s'élance intrépidement à l'assaut.

Voilà comment il se fit que le digne Procureur du Roy en l'élection générale de la ville dut ce soir-là parlementer avec la force armée pour réintégrer son domicile. Quand il put enfin pénétrer, il ne fut pas médiocrement surpris d'apercevoir dans son salon l'avocat Devèze gesticulant, interpellant les uns et les autres ! « Je viens de subir l'abomination de la désolation, criait-il. On a voulu m'empoisonner chez moi. Mais je ne veux pas être victime du système politique ! (??) » Il furetait dans tous les coins, interrogeant, scrutant chacun sous le nez. Et c'était un spectacle divertissant et scandaleux à la fois que celui de ces magistrats cernés par la maréchaussée et bousculés par un des leurs avec l'appui d'un exempt. Enfin, le terrible homme s'arrêta devant Hébrard : « C'est vous,

Monsieur, qui êtes venu chez moi déguisé en chienlit ! » — Je demande derechef pardon aux lecteurs si je respecte moins leurs oreilles que la vérité historique. Car ce furent là les paroles authentiques prononcées par le sieur Devèze, qui ajouta, en se retirant, superbe de colère : « J'en poursuivrai la vengeance, Monsieur, devant toutes les juridictions du royaume ! »

Là-dessus, il fit claquer les portes, laissant l'assistance atterrée. Les gens prudent s'empressèrent de regagner leur domicile, flairant une fâcheuse affaire. Les autres entourèrent Hébrard, qui, piteusement, faisait l'aveu de son escapade. On lui conseilla de se rendre chez Devèze pour s'expliquer sans tarder devant les magistrats enquêteurs. Quelques-uns même s'offrirent à l'accompagner, et, parmi eux, le jeune Lamontade qui, du coup, en oublia complètement sa sœur ; si bien que le procureur Germain Besse dut offrir la main à la demoiselle pour la ramener à sa mère.

Dans l'appartement des Devèze, toute la police de la ville était rassemblée avec deux médecins et trois droguistes. Pour couper court, Hébrard expliqua qu'il avait voulu simplement faire une plaisanterie. L'apothicaire Bouigues, pour se punir sans doute d'avoir composé 'affreuse drogue, en but héroïquement une gorgée, et, victime innocente de tout cela, le chat des Delsol fut contraint de s'en abreuver aussi. Mais rien ne put ébranler la conviction tenace des époux Devèze, qui, malgré tout, persistèrent à se dire empoisonnés. Alors, comme les horloges sonnaient 4 heures du matin et que les pourparlers n'avançaient pas, chacun, de guerre lasse, prit le parti de s'en aller coucher.

J'ignore s'ils goûtèrent tous un sommeil paisible ; mais les gens de justice et les experts ne ne s'endormirent pas, car, dès le lendemain, en réponse à la plainte portée par Devèze contre Hébrard, celui-ci lui intenta un procès pour imputations calomnieuses.

Qu'advint-il de tout cela? Lequel des deux adversaires eut gain de cause? Le manuscrit est muet là-dessus; mais il apparaît que le corps des médecins d'Aurillac n'y perdit rien.

« Pendant huit jours consécutifs, à raison de deux séances par jour, de quatre heures chacune pour le moins », les sieurs Breu, Roquier et Lacarrière, médecins, assistés de deux apothicaires, les sieurs Mazeyrac et Boyssou, procédèrent à l'analyse du philtre mystérieux. Ils le tournèrent et retournèrent en tous sens, le chauffèrent et le refroidirent, le distillèrent, le décomposèrent, le composèrent et le recomposèrent : on fit faire pour cela des instruments et des appareils spéciaux, des récipients d'or et d'argent ; et l'on en tira je ne sais combien de variétés de poudres, qu'on baptisait gravement de noms nouveaux et dont une bonne part était destinée à être jetée aux yeux des badauds. Puis, les experts rédigèrent là-dessus un rapport de douze pages. Le résultat de tant de doctes efforts fut de démontrer l'innocence d'Hébrard, dont personne ne doutait. Mais la science surtout y gagna de faire un grand pas dans la voie des découvertes ; car le rapport prouva de façon lumineuse que les choses les plus puantes ne sont pas toujours malsaines, de même qu'il y a des gens qui empoisonnent sans être pour cela des empoisonneurs.

....

Cancans et disputes de la petite ville, événements minuscules, gros seulement des passions de nos pères, et que la distance diminue encore à nos yeux, celui qui se détourne dédaigneux, lorsque l'on vous évoque, n'est pas digne de comprendre le charme pénétrant du passé ! Car c'est par des détails pittoresques que le passé nous prend et nous attache bien plus que par les grandes lignes de son histoire.

Aussi, ai-je cru pouvoir raconter ce simple épisode, tel qu'un vieux mémoire me l'a appris, sans même vous dire ce qu'il en advint. — J'aurais aimé pourtant à en savoir davantage, à pénétrer le fond de la rivalité qui existait à cette époque entre Hébrard et l'avocat Devèze. Quels mobiles poussaient celui-ci à accuser l'autre d'une tentative d'assassinat ? Que pouvait bien être ce « système politique », dont Devèze, selon les termes du procès-verbal, ne cessait de se prétendre victime ? — On faisait donc de la politique à Aurillac en 1775 ? — Sur quel sujet ? dans quel but ? — Si le mot doit être pris dans son acception moderne, n'est-il pas curieux qu'il soit prononcé précisément à propos d'un homme qui, quinze ans plus tard, devait se faire un marchepied de la politique et fut le chef du parti révolutionnaire, tandis qu'autour de l'avocat Devèze, devenu Procureur du Roy, tous les modérés s'étaient groupés ? — Voilà un beau thème que je laisse à plus compétent que moi. Ma seule ambition, toute morale, aura été (puisque cet article paraît en carnaval) de montrer aux jeunes gens, par l'exemple de leurs devanciers, qu'il y a, pendant les jours gras, des divertissements agréables et des farces à éviter.

Le Métier de Gendarme
EN AUVERGNE
DANS LA PREMIÈRE PARTIE DU XVIIe SIÈCLE

LE MÉTIER DE GENDARME en Auvergne

DANS LA PREMIÈRE PARTIE DU XVIIe SIÈCLE

Quand sur nos routes soigneusement entretenues vous voyez chevaucher deux braves gendarmes dans la sécurité de leur pouvoir incontesté, songez-vous qu'il fut un temps où le métier de « gardien de l'ordre public » était plus dur qu'aujourd'hui, où le Pandore que blaguent malicieusement les chansonniers modernes était un héros de complaintes, qui presque seul parcourait incessamment un pays sans route et plein d'embûches, à travers les ravins hérissés, les grands bois impénétrables, tandis que sur les cailloux roulants sa monture trébuchait à chaque pas comme la justice débile encore dont il était le mandataire ?

Le métier alors était héroïque, semé d'aventures ou comiques ou tragiques, plein de dangers parfois, toujours plein de fatigues, mais rehaussé d'imprévu, bien vivant et bien français.

Quel admirable roman d'estoc et de taille ne ferait-on pas en écrivant les mémoires d'un de ces policiers d'autrefois, et quel dommage qu'un écrivain comme Alexandre Dumas n'ait pas eu dans les mains les *Chevauchées des La Carrière!* [1]

Durant un siècle et plus, dans nos montagnes, au plus fort des luttes religieuses, pendant les guerres de la Ligue et plus tard les troubles de la Fronde, une famille obstinément dévouée au maintien de l'ordre a écrit presque jour par jour le récit de ses faits et gestes : et la collection

---

[1] De 1581 à 1720, les La Carrière exercèrent, pendant quatre générations, les fonctions de vice-bailly du Haut-Pays. Quand la charge fut supprimée et remboursée moyennant le prix de 21.235 livres, 5 sols, son dernier titulaire, Raymond, reçut en compensation la grande prévôté de Montauban. De 1586 à 1665, Jean, Jacques et Paul La Carrière ont écrit jour par jour le détail de leurs chevauchées. A la fin de chaque année on clôturait le procès-verbal. Malheureusement, au lieu des 78 cahiers que nous devrions avoir, il n'en a été conservé que 37. Le comte Aymar de La Baume-Pluvinel, propriétaire du château de Comblat et héritier de La Carrière, a bien voulu me les confier. Je possédais d'autre part, dans mes archives, un resumé manuscrit de l'ensemble des procès-verbaux, œuvre trop succinte de Raymond, le dernier vice-bailly. Cela m'a permis de combler quelques lacunes.

ɑalheureusement trop incomplète de ces procès-erbaux permet de reconstituer en détail le rôle t la physionomie du personnage qui s'intitulait ɑdis « le vibailly de la Haute-Auvergne ».

Ce personnage complexe, et dont le domaine tait assez vaguement limité comme du reste les ttributions de la plupart des fonctionnaires de ette époque, avait, au premier aspect, l'impor-ɑnce d'un commandant de gendarmerie chargé e la police du pays.

Mais c'était aussi un magistrat véritable puis-u'il poursuivait les enquêtes, faisait le recolle-ɑent des témoins, bref mettait la chose au point, fin que ces Messieurs du Présidial n'eussent lus qu'à rendre la sentence. Comme tel il était onc juge d'instruction ; mais ce n'est pas tout. l jugeait parfois tout seul et en dernier ressort, ɔrsqu'il s'agissait de crimes commis par des agabonds, de vol sur les grands chemins et utres cas royaux. Alors il menait l'affaire d'un out à l'autre avec l'aide d'un assesseur : et le ɔupable lui appartenait depuis l'instant qu'il ɑi mettait la main au collet jusqu'à l'instant peu loigné où il lui passait la corde au cou.

En dehors de ces fonctions à peu près défi-ies, comme l'époque pendant laquelle les La arrière dressaient leurs procès-verbaux était fertile en incidents de toutes sortes, il arrivait que le vice-bailly avait à exercer les métiers les plus divers. Le lecteur pourra s'en rendre compte.

En 1586, Jean de La Carrière avait succédé à François du Laurent, mort à la peine après quatre ans d'exercice de sa charge, et leur prédécesseur, Alexandre d'Huric, débordé, perdant la tête, avait dû démissionner.

Avant tout Jean fut un soldat. C'est miracle qu'au milieu du perpétuel cliquetis des armes il ait pu se souvenir de temps à autre qu'il était aussi policier et magistrat.

Que pouvaient bien paraître de simples crimes de droit commun, quelque meurtre, quelque enlèvement, quelque duel, quelque volerie aux yeux d'un personnage qui vivait au milieu des champs de bataille, qui passait son temps à charger des escadrons ennemis, à donner l'assaut aux forteresses et traînait presque toujours un canon à sa suite ?

A cette époque où les religionnaires, les partisans de la Ligue et les fidèles du roi se disputaient le pays, Jean de La Carrière était le bras droit de Messilhac, gouverneur de la Haute-Auvergne.

Avec lui il bat à Cros-Rolland l'armée du

comte de Randan, avec lui il assaille Saint-Flour, il enfonce à coups de pétards les châteaux de Gourdièges, de Laussac, de Cologne, de Marmiesse, de Saint-Etienne et autres ; il monte la garde sur les remparts d'Aurillac qui a placé en lui toute sa confiance ; et quand la peste fait son apparition dans la cité, on le trouve presque seul avec une poignée de gentilshommes, s'efforçant de suppléer à la désertion des bourgeois affolés, et faisant face à la fois au fléau et à l'ennemi. Chez lui la tête et le bras vont de pair, il est homme de bon conseil et de haute expérience : les villes du pays le députent aux Etats de la province et les Etats au roi.

Il est le mandataire du gouvernement, le négociateur sûr que l'on charge des missions délicates ; et quand l'orage s'est apaisé un peu, quand l'épée des grands rebelles est rentrée dans le fourreau, le vice-bailly ne s'aperçoit guère de l'accalmie, car la paix a jeté dans le pays toutes ces bandes armées, gens de sac et de corde, dont la guerre est le gagne-pain : alors commencent pour le représentant de l'ordre les chevauchées incessantes aux quatre coins de la province, partout où il entend appeler au secours. Tantôt, comme à Roffiac, il réussit à décider un capitaine à abandonner la forteresse qu'il occupe avec 120 arquebusiers et d'où i ranconne le pays; tantôt, comme à La Roquebrou il parvient par un coup d'audace à saisir a milieu de ses troupes un commandant de reitre coupable de pillage chez le marquis de Merville Mais il n'est pas toujours aussi heureux. A Saint Simon la compagnie de la Roche-Beauclair l reçoit à coups d'arquebuse et l'assiège dans l village. Aux Huttes, près de Polminhac, i poursuit un parti de soldats qui emportent l produit de leurs brigandages : ceux-ci font tête, arment leurs mousquets et, comme ils sont les plus forts, le vice-bailly est bien obligé de décamper. Partout il passe entre une grêle de balles. Aussi cette existence guerrière ne pouvait-elle pas se terminer comme celle d'un magistrat paisible. A Paulhenc, en faisant héroïquement son devoir contre les révoltés des environs de Saint-Flour, il tomba sur le champ de bataille, frappé à coup de faux et de fourches, et légua à son fils Jacques une charge qu'il avait bien mérité de fixer dans la famille.

Celui-ci ne connut pas la grande guerre et les batailles entre armées régulières. Son père avait été le soldat du roi contre les ennemis de la monarchie ; il fut, lui, le policier occupé à maintenir l'ordre parmi la turbulente noblesse des montagnes. Les gentilshommes, qui pendant tout le cours du XVIe siècle n'avaient guère vécu que de la guerre et pour la guerre, s'étant trouvés soudain, après l'avènement d'Henri II, réduits à l'oisiveté, avaient tourné contre eux-mêmes leur belliqueuse activité. C'est le temps des fameuses et meurtrières querelles entre les sept châtelains qui se partageaient la plate-forme de Tournemire, le temps des duels dont les complaintes locales ont perpétué le souvenir, entre Caissac et Beauclair, entre Massebeau et Gagnac, entre Montclar et Sieugeac, Rastinhac et Roquemaurel, La Bontat, et de Burg, La Roque Saint-Chamarant et Noailles ; le temps où la division entrait jusque dans les familles, où Jérôme de Douhet, sieur de Marlhat, tuait en combat singulier, Pierre de Douhet, sieur d'Auzers. Alors les grosses maisons du pays s'étaient reprises à guerroyer entre elles comme aux temps déjà lointains du moyen-âge féodal : les d'Escars de Merville entretenaient des armées pour faire pièce aux Noailles qu'ils détestaient; ils battaient la campagne, soutenus par les troupes du baron de Conros, tandis que la cause des Noailles avait été épousée à La Roquebrou par la maison de Montal, dont le chef ne devait pas tarder à périr sous les coups du marquis de

Merville ; alors le sieur de Drugheac oubliait les traditions de la chevalerie française jusqu'à attaquer à Saint-Martin-Valmeroux la dame de Reilhac et sa suite ; alors Lignerac et Nadaillac, d'Espinchal et Montgon, Chavagnac et bien d'autres tenaient des assemblées et ne sortaient qu'entourés de nombreuses escortes. M. de Barriac, à Saint-Illide, était assez fort pour mettre en déroute la compagnie de soldats que le vice-bailly menait contre lui ; et le propre fils du gouverneur du pays, le marquis de Montclar-Noailles, soudoyait une bande de gens sans aveu, résidu de toutes les armées, échappés de tous les bagnes, avec lesquels il tint une fois le vice-bailly assiégé, pendant quatre jours, dans la grosse tour de la prison pour l'obliger à relâcher un prisonnier.

C'était le temps où les intrigues d'amour se dénouaient à coups de canon, où Guillemette de Fontanges, dont j'ai raconté ailleurs l'aventure, et le galant chevalier du Colombier soutenaient un long siège à Pierrefort, où François d'Humières préférait risquer sa tête que de rendre Mlle de Rastinhac avec laquelle il s'était enfermé au château de Loubejeac.

Le pays, on le voit, n'était pas sans quelques troubles. Parmi ces querelles de particuliers auxquelles la politique n'était pas toujours étrangère, il était dangereux de s'entremettre : et parfois les deux partis se réconciliaient sur le dos du commissaire. Mais somme toute les mauvais jours qu'avait traversés Jean de La Carrière furent épargnés à son fils Jacques, qui mourut dans son lit tranquillement, après avoir eu la satisfaction d'aider l'intendant d'Argenson à faire raser les dernières forteresses du pays.

La vie de ces deux hommes serait certainement intéressante à raconter ; elle est plus fertile en actions héroïques que celle de leur successeur. Cependant c'est en étudiant le rôle de ce dernier qu'on peut le mieux comprendre le métier de gendarme à cette époque, dégagé autant que possible des circonstances qui avaient fait jusqu'ici de ce personnage un guerrier ou un diplomate. Jean et Jacques de La Carrière ont été mêlés aux plus graves événements politiques, leurs procès-verbaux sont comme les notes et les pièces justificatives de l'histoire : aussi l'étude de ces procès-verbaux dépasse-t-elle la portée de cet article auquel convient mieux le type de Paul, troisième vice-bailly du nom de La Carrière.

Lorsqu'en 1636 Paul recueillit cet emploi avec la succession de son père, on eût dit que ses auteurs lui avaient préparé un siège commode et qu'en lui transmettant la charge qui avait été si lourde à leurs robustes épaules, ils avaient fait en sorte que ce tout jeune homme n'en connût pas, comme eux, les dures épreuves. Paul n'avait alors que 20 ans et même la chose n'était pas bien sûre. Comme cet âge était requis pour exercer les fonctions prévôtales, il avait trouvé de bons amis de sa famille, bourgeois considérés d'Aurillac, Cambefort, doyen des avocats, Contrastin, Vigier, son grand-oncle, et Jean de Laporte, son grand-père, qui étaient venus jurer par-devant les lieutenants de Messieurs les maréchaux de France qu'ils avaient vu naître le jeune garçon par un beau jour du mois de mai 1615. Mais la preuve écrite manquait, car son extrait de naissance avait disparu en 1628, lorsque le vicaire d'Aurillac chargé des registres baptistères étant mort de la peste, on désinfecta sa maison et brûla ses papiers. Mais à défaut de l'âge et de l'expérience personnelle, Paul avait pour lui l'hérédité de sa race adonnée de père en fils aux mêmes fonctions et qui par une sorte de sélection s'était identifié les qualités nécessaires au métier. On sentait qu'il avait dans les veines du sang de gendarme, à le voir, au lendemain de la mort de son père, parader devant sa compagnie d'archers dont il faisait la montre sur la place d'Aurillac.

D'ailleurs tout semblait sourire au débutant : la lourde main de Richelieu s'appesantissait sur les rebelles, les orgueilleuses citadelles du Haut-Pays et jusqu'aux châteaux des gentilshommes de second plan avaient été pour la plupart démantelés ; le pouvoir royal commençait à se faire craindre jusqu'au fond des provinces, et la monarchie absolue inaugurait ce mouvement centralisateur que nous avons conservé et perfectionné, en en changeant l'étiquette. Pour le jeune vice-bailly, il faisait meilleur vivre alors qu'au temps où ses auteurs Jean et Jacques chevauchaient, ferraillaient sans repos ni trève, menant la vie des camps, toujours exposés aux mousquetades et aux embûches, obligés par leurs fonctions d'obéir à des hommes dont ils devaient se métier, s'inclinant devant eux tout en méditant dans le fond de leur âme de leur mettre la main au collet, politiques autant que soldats et soldats contraints quelquefois de discuter les ordres des chefs, exerçant en un mot une fonction aussi dangereuse que difficile, pour laquelle il fallait un esprit subtil, une santé à toute épreuve et une conscience plus fortement trempée encore.

Tout est relatif cependant. Si l'époque héroïque de la maréchaussée dans nos montagnes touchait à sa fin quand Paul de La Carrière prit le commandement, le métier n'en paraîtrait pas moins horriblement dur à ceux que leur heureuse étoile a fait naître dans notre fin de siècle, âge d'or de la gendarmerie. Tant d'années de désarroi, d'incertitudes gouvernementales, de guerres civiles avaient profondément ulcéré l'organisme national, remué toutes les passions mauvaises, avivé toutes les ambitions, légitimé toutes les désobéissances. Le désir de la révolte courait comme un frisson dans les entrailles du pays, et pour lui rendre le calme il fallait que disparût toute une génération qui avait vécu dans l'indiscipline, la haine et le sang.

Le territoire confié à la garde du vice-bally de Haute-Auvergne était vaste : et cependant il n'avait auprès de lui à Aurillac que huit archers ; à Saint-Flour on en comptait cinq que commandait, lui sixième, un lieutenant ; pour tout l'arrondissement actuel de Mauriac, deux archers, établis à Salers, avaient paru suffisants ; la prévôté de Maurs en possédait deux dont l'un résidait au chef-lieu et l'autre à Saint-Constant. C'était tout et c'était peu : d'autant que les cadres n'étaient pas toujours au complet, car on faisait volontiers des économies sur le budget de la maréchaussée. Et lorsque quelque archer avait péri dans une bagarre (ce n'était pas rare alors), le vice-bailly avait bien de la peine à obtenir un remplaçant. N'avoue-t-il pas dans un de ses procès-verbaux qu'il a dû se dérober devant l'émeute, parce qu'on a négligé de nommer les successeurs des trois archers qui avaient été tués l'année précédente?

Pour parcourir le pays qui s'étend de Mauriac à Maurs et de Maurs à Saint-Flour, il fallait une énergie morale et physique qui était le trait dominant de la personnalité de Paul de La Carrière. Jamais homme ne fut moins sédentaire, jamais chef ne laissa moins d'initiative à ses subordonnés : toujours on le voit à leur tête, même sur les points les plus éloignés de sa résidence d'Aurillac : et si parfois son exempt ou son greffier chevauchent sans lui, c'est qu'il est malade ou occupé ailleurs. Songez donc qu'en dehors des mille raisons imprévues qui le forcent chaque jour à monter à cheval, il ne manque pour ainsi dire pas une des foires du pays. Il y en avait déjà beaucoup, presque autant qu'aujourd'hui. Quelques-unes, comme les foires du Puy Saint-Mary, près Mauriac, de la Bastide du Haumont, de Saint-Antoine-lès-Marcolès, quoique isolées au milieu des bruyères et des bois, les foires de Fontanges, de Pailherols et de Maillargues, la Saint-Urbain et la Saint-Géraud d'Aurillac, et bien d'autres, se tenaient aux mêmes dates que de nos jours et attiraient une affluence énorme.

La veille et le lendemain, le vice-bailly et ses hommes battaient les chemins alentour ; le jour même, ils séjournaient dans la localité : et, chose remarquable, les procès-verbaux y signalent rarement un crime ou même un délit. On dirait que dans ces temps de si douteuse sécurité une sorte d'immunité se soit étendue sur les champs de foire, et que les plus rapaces aient compris qu'entraver la liberté du commerce était un infaillible moyen de tarir la source de la richesse publique.

La Carrière était l'incarnation du mouvement perpétuel ; il avait le don d'ubiquité : et peut-être son apparition soudaine sur un point, alors qu'on l'attendait le moins et qu'on le savait occupé ailleurs, rehaussait-elle son prestige et renforçait-elle l'insuffisance de ses troupes d'une sorte d'effroi superstitieux. Que de fois ne lui arrivait-il pas de dissimuler sa marche en chevauchant avant le jour, et par quels chemins, grand Dieu ! Quand une foire importante devait se tenir dans l'élection d'Aurillac, le vice-bailly quittait sournoisement sa résidence, et s'en allait coucher à la Tuillière, sur les hauteurs qui couronnent la vallée de Thiézac : c'est par là que passeront les marchands qui descendent de Saint-Flour, et c'est là que, soigneusement embusqué, La Carrière va guetter les malfaiteurs que pourrait tenter la solitude des plateaux. Un jour il est à la foire de Mauriac, le lendemain il assiste à celle de Montsalvy : pour cela il a couru toute la nuit. Il est vrai que sous la plume des rédacteurs des *Procès-Verbaux* les lieues de pays se fondent comme par miracle : Vic n'est qu'à quatre lieues d'Aurillac, Salers n'en est éloigné que de cinq. Mais en voyant ces évaluations de distance, le lecteur ne manquera pas de penser, comme l'écrivait Lefebvre d'Ormesson dans son rapport au duc de Bourgogne : « que la lieue de montagne en vaut bien deux en France. »

Prenons comme exemple une tranche de la vie de Paul de La Carrière, huit jours si vous voulez ; et vous verrez si cet homme était un oisif. J'ouvre les *Procès-Verbaux*. Pour je ne sais quelle mission fiscale (car il sert aussi de courrier à Monseigneur l'Intendant), il lui est enjoint de faire une tournée. Donc le 14 du mois de septembre il se met en selle, visite les bourgs de Naucelles, Reilhac, Jussac, Saint-Chamant et couche à Saint-Martin-Valmeroux ; le lendemain il a à faire à Drugheac et bat la contrée environnante ; le 16 il visite les alentours de Mauriac et couche en cette ville ; le 17 on le voit à Scorailles, Chaussenac et il termine sa journée à Pleaux. Entraîné par ces cinq jours de marche, il court le lendemain à Glénat, Pers, La Ségalassière et La Roquebrou, d'où, le 19, il va coucher à Maurs ; mais auparavant il a visité Roumégoux, Omps, La Salvetat, Saint-Mamet et Saint-Constant. Pour qui connaît le pays ces chevauchées en zigzag paraissent invraisemblables ; aussi La Carrière et ses gens n'ont guère dormi : ils ont quitté La Roquebrou de bonne heure et sont arrivés tard dans la ville abbatiale. Là encore ils ne s'arrêtent pas, et au point du jour ils quittent Maurs. Les voilà qui passent à Marcolès et à Roannes ; ils traversent les plateaux de bruyères immenses, d'où l'on aperçoit, blottie dans un rayon de soleil, à l'entrée de la vallée de Jordane, la ville d'Aurillac, terme de leur voyage. Au-dessus, dans le ciel bleu, se dessine avec netteté la chaîne des pics d'Auvergne ; ils les connaissent tous et les désignent tous par leur nom : voici le lourd Cantal qui s'isole dans sa majesté, puis le Griou, dont la pointe effilée fait contraste avec lui ; cet autre géant, c'est le Puy-Mary, à côté le Chavaroche, plus loin le Puy-Violent. Par un effet de mirage fréquent dans nos claires journées d'été, tous ces sommets semblent si rapprochés qu'on croirait pouvoir les toucher de la main, tandis qu'à leurs pieds la ville apparait plus lointaine. On eût dit l'effet d'un pressentiment. Car en arrivant à son logis La Carrière apprend que l'Intendant l'attend avec impatience pour lui faire escorte jusqu'à Murat. Il lui faut donc dès le lendemain prendre le chemin du Lioran. En passant aux Chazes il a pu se retourner et apercevoir bien loin les bruyères roses, d'où la veille il avait évoqué les douceurs du repos en son logis. Ce repos, il ne l'aura que le lendemain ; et cette fois, pour ne point être dérangé, il ne rentrera pas chez lui : car en passant à Polminhac il montera au château de Vixouzes demander l'hospitalité à son beau-père, le lieutenant criminel Pagès.

Les tournées du vice-bailly n'étaient pas toujours des chevauchées platoniques pour porter des ordres ou escorter des voyageurs de marque : c'est bien le moins que pendant ces interminables heures de marche le pauvre homme fût soutenu par un intérêt un peu vif qui lui fouettât le sang et le tint éveillé. Aussi la poursuite des malfaiteurs le transforme-t-elle parfois en un veneur véritable, lancé à travers pays sur la piste de quelque vieux loup, rusé et solide. Un jour de février on lui apprend que du côté de Maurs trois voleurs masqués ont dépouillé un marchand d'Aurillac. Naturellement quand il se transporte sur les lieux, les malfaiteurs ont décampé. On les lui signale près de Saint-Simon, et le voilà qui fouille dans ses moindres recoins la vallée de Jordane. Mais il paraît que le renseignement était faux: c'est plutôt par la vallée de Vic que les voleurs ont effectué leur retraite. Il trouve enfin la piste à Carbonat, la suit à Vic, Thiézac et Saint-Jacques. C'est là qu'il couche, par un froid glacial. A minuit il repart sous la neige qui tombe en abondance, car il a hâte de franchir le col des Chazes, avant que le passage soit obstrué. Il explore toute la Planèze, passe à Ussel, Ruines, Saint-Flour, Coltines, Talizat, La Chapelle-Laurent, et ne s'arrête qu'après avoir acquis la certitude que son gibier a passé sur le territoire du grand prévôt, son collègue et son chef, auquel il est tout heureux, je pense, de passer la main.

Que dites-vous aussi de cette poursuite du régiment de Canillac qui a logé sans ordre à

Saint-Cirgues-de-Jordane ? A l'arrivée de la maréchaussée les soldats, cavaliers et fantassins, se sont éparpillés comme une volée de moineaux : une partie s'enfonce dans la vallée, passe au Col de Cabre, se cache dans les ravins et les bois de la rivière de Dienne ; les autres gagnent les hauts plateaux jusque devers Salers. La Carrière les pourchasse, revient appelé par d'autres affaires, puis repart vers les montagnes. Ses archers et lui se multiplient, on ne sait quand ils dorment, jamais ils ne s'avouent malades : quels hommes ! mais aussi quels chevaux !

Hélas ! cette activité, qui est la vertu distinctive de Paul de La Carrière, est aussi la page la plus brillante de ses états de service. Le pauvre homme se donnait plus de mouvement qu'il n'obtenait de succès : et peut-être s'étourdissait-il à marcher pour s'illusionner sur l'importance des résultats.

L'étendue du territoire confié à sa garde, l'absence de chemins ne sont pas les seules difficultés qu'il rencontrait. Il se heurtait partout à des obstacles qui lui venaient de l'inimitié des uns et de sa trop grande affinité avec les autres. On ne doit pas perdre de vue en effet qu'il était chargé de la police dans son propre pays.

Or les grosses maisons de la province, qui avaient été pour la plupart engagées dans le parti de la Ligue, voyaient d'un mauvais œil le représentant d'un nom resté immuablement fidèle au service du roi : ayant appris plus d'une fois à maudire le père, elles ne devaient pas manquer une occasion d'être désagréables au fils. Aussi derrière toutes les séditions populaires devine-t-on l'influence des gentilshommes. C'est eux qui soufflent sur le feu, qui dirigent le mouvement et donnent parfois aux bandes de paysans des apparences d'armées régulières. La noblesse de Haute-Auvergne, à part quelques familles très en vue, s'était battue dans la montagne et ne l'avait pas quittée pour aller à la Cour. Cette existence sédentaire avait créé entre le castel et la chaumière des rapports journaliers et une communauté d'intérêts. On menait à peu de chose près la même vie, car le pays était pauvre. Le gentilhomme rossait bien de loin en loin le paysan, mais toujours il épousait sa querelle : et quand la paroisse se révoltait, refusant de payer la taille, le noble qui aurait pu rester étranger au débat, se mettait pourtant de la partie. Le jour où le grand Prévôt d'Auvergne, repoussé par les villageois des environs de Mauriac, appelle le vice-bailly à son secours et où celui-ci n'a que le temps de battre en retraite, entendant autour de lui le fracas des rochers que l'on fait rouler sur sa troupe et la voix menaçante du tocsin qui le poursuit ; le jour où du côté de Vendes, ce même La Carrière, réduit à fuir de nouveau devant l'armée des paysans, laisse trois de ses meilleurs archers sur le champ de bataille et s'estime heureux de trouver un refuge au château de Sourniac, chez M. de Lagarde, les *Procès-verbaux* laissent entendre clairement que les paroisses ne sont si dangereuses que parce qu'elles sont commandées par les gentilshommes.

Dans la Châtaigneraie, c'est-à-dire dans les cantons actuels de Maurs et de Saint-Mamet et dans le petit pays de Veinazès, l'affinité entre les diverses classes de la société est telle qu'on dirait une vaste trame. Les maisons nobles, prenant modèle sur le châtaignier, l'arbre national et vivace, ont poussé en tous sens sur le vieux tronc familial des rameaux touffus. Les cadets sans fortune ont épousé la fille du notaire, du praticien, du gros paysan ; ils peuplent les hameaux, vivent de la vie rustique, rudes, fiers et gueux ; ils sont le trait d'union entre la famille plébéienne de leur femme et la souche noble dont ils sont sortis : et l'on voit, en compulsant les registres paroissiaux, des familles essentiellement roturières de cultivateurs, qui à la suite d'une alliance souvent ancienne et très indirecte ont quelques gouttes de sang noble dans les veines, solliciter pour leur premier né le parrainage du chef de la maison à laquelle ils tiennent à honneur d'appartenir.

Au début du XVIIe siècle cinq familles prépondérantes dominaient dans la contrée : les Méallet à Fargues, les La Garde de Saignes à Parlan, les Naucazes dans leur confortable demeure près de Saint-Julien de Toursac, les Felzins sur la plate-forme de Montmurat, et les La Roque à Sénezergues dans le fond des ravins. Au-dessous de ces familles il faudrait citer bien d'autres noms qui couvraient le pays d'une véritable fourmilière de hobereaux. D'abord tous les cadets de cette prolifique race des Méallet qui s'étaient nichés dans tous les logis d'alentour : du côté de Saint-Mamet, les Broussignac et une branche des Pesteils ; à Roumégoux, les La Tour ; sur Boisset, les Pontanier, les Déaura, une branche des Rochemonteix ; puis du Trioulou à Marcolès et à Vitrac, les d'Escaffre, les Ayrolles, les Verdelon, les La Veyssière, les Gausserand, et toute la tribu

es Guirard-Montarnal, des Boissières et des
Conquans : les aînés tenaient rang de seigneurs,
es cadets étaient crottés et râpés ; mais tous se
erraient les coudes, confinant à la bourgeoisie
u terroir et par elle aux laboureurs. Aussi la
entrée de l'impôt ne se faisait-elle pas sans
ifficultés : le gentilhomme protégeait le *taillable*
t donnait du fil à retordre aux collecteurs.

Le chevalier de Vitrac moleste un receveur
es tailles ; le sieur de Freycinet en fait de
nême, ainsi que les sieurs de Cours et de
Gausserand. Dans le Veynazès et dans toute la
ontrée qui borde les ravins du Lot, pays où les
abitants ont toujours eu la tête près du bonnet,
faut employer la force armée, et le seigneur
e Cassaniouze organise lui-même la résistance
es paysans. Deux cavaliers du régiment de la
Reine, Jacques du Teil et le sieur de La Tour,
étachés dans cette paroisse pour la levée des
ailles, sont assaillis un jour à Saint-Projet,
andis qu'ils pêchaient dans le Lot, par une
ande d'hommes armés et périssent tous les
eux. A côté de là ce sont les gens de Louis de
a Roque qui appuient les révoltés, comme le
rouve l'aventure du « cabretaïre » de Junhac.
Pour avoir résisté au fisc, il avait été appréhendé
ar l'archer de Maurs qui le conduisait en prison

sous bonne escorte, lorsqu'à un détour du chemin une troupe d'individus, parmi lesquels les domestiques du château de Sénezergues, se précipitent sur le prisonnier et le délivrent, après avoir tué l'archer et étendu ses trois compagnons sur le carreau.

Une des plus lourdes charges qui pesaient alors sur le pays était le passage des régiments, l'obligation de les loger, la contribution dite *des gens de guerre* et les rapines auxquelles les soldats ne manquaient pas de se livrer. A certaines saisons la Haute-Auvergne était pleine de troupes, particulièrement les cantons actuels de Montsalvy, Saint-Mamet et Maurs, qui étaient comme la grand'route des armées se rendant dans le Midi. On voyait au printemps passer les régiments, et la mauvaise saison les ramenait sur nos plateaux où ils prenaient leurs quartiers d'hiver. Maurs, Saint-Constant, Marcolès, Saint-Mamet, Montsalvy, toutes les communes avoisinant Aurillac, Laroquebrou, Saint-Cernin, Salers étaient de véritables villes de garnison. De là pour le vice-bailly un sujet de tracas incessants, non pas qu'il eût à livrer bataille contre les bandes armées, comme ses devanciers : car la discipline étant plus forte et la police militaire mieux établie, les délinquants décampaient à son approche. Mais il fallait suivre les régiments, les surveiller, faire punir les maraudeurs et bien souvent aussi les défendre contre les gens du pays.

En cette occasion encore nobles et manants se soutenaient. A Marcolès un nommé Boussaroque refuse de payer la contribution pour la subsistance des gens de guerre et, avec l'aide du chevalier de Fargues, met en déroute les huissiers ; un cavalier du régiment garnisonné à Saint-Antoine est tué par le chevalier de Gaillard ; à Roussy, où les soldats se livrent à des voleries, l'un d'eux périt mystérieusement ; une compagnie de cavalerie, venant loger à Sénezergues, est assaillie au son du tocsin et trois soldats mordent la poussière ; les frères de Conquans en tuent un autre à Marcolès ; un régiment, pour passer sur le territoire de Leynhac, doit livrer bataille contre les habitants que mènent le bourgeois Bouquier et les frères de Séguy.

Ainsi partout et en toute circonstance le chef de la police se heurte à la solidarité des diverses classes de la société. Lui-même, fils du pays, n'est-il pas un peu de la même bande, et avec lui tout le présidial d'Aurillac, les bailliages de Salers et de Vic? Paysans, bourgeois, hobereaux sont apparentés aux gens de robe. Pour n'en citer que quelques exemples, la famille de Boissières, qui peuple toute la « Châtaigneraie » a un représentant au Présidial ; les Sénezergues de la Rodde, qui sont alliés à toute la noblesse de la contrée, occupent des charges importantes dans cette même cour ; par les Cambefort, les d'Arches-Niossel, les de Gaches, les vallées avoisinant Aurillac ont des soutiens dans le prétoire ; dans chaque village chaque famille aisée a produit un avocat. Quant à Paul de La Carrière, qui a épousé la fille du lieutenant criminel Pagès de Vixouzes et d'une demoiselle de Comblat, il se trouve tenir à la fois aux robins et aux gentilshommes. De là naissent souvent des situations bien embarrassantes. Que faire lorsque le conseiller Antoine de Cambefort vient porter plainte de la mort de son frère, tué à la suite d'une partie de chasse par les de Veyre, parents du vice-bailly ? Le cas n'est pas moins épineux quand Malecombe et Vernières, fils du conseiller Maillart, tuent le sieur de la Fage, près de Carlat, ou lorsque ces mêmes vauriens, accompagnés du jeune d'Arches, fils du Président, enlèvent, à Sansac, la fille de l'apothicaire Arbulin. Le seul moyen est de temporiser, de laisser prendre de l'avance

.ux coupables, jusqu'à ce que les parents se oient entremis pour arranger l'affaire. Il y a ien encore un autre moyen, mais celui-là ’avance guère les choses, c'est de se récuser our se tirer d'embarras : La Carrière en use .u besoin. Ainsi lorsque Annet de Scorailles, ieur de Mazeyrolles, porte plainte contre Jean, on frère, qui est venu chez lui la nuit, a tiré les coups de fusil contre sa fenêtre et tenté l'incendier les bâtiments, le vice-bailly allègue a parenté ; et lorsqu'il est sollicité d'intervenir dans les querelles du jeune Marquis de Miramon t du Marquis de Noailles, querelles de beau-ils à beau-père, il allègue l'incompétence.

A cette époque les violences sont peccadilles ommunes, vite oubliées et pardonnées. Dans es procès-verbaux de Jacques de La Carrière il est uestion de l'assassinat de Salvatges de Clavièes par Pagès de Vixouzes, son voisin. Ce qui 'a pas empêché Paul, fils de vice-bailly, vice-ailly lui-même, d'entrer dans la famille du neurtrier.

A quoi lui servirait d'ailleurs de faire tant de èle ? Que de fois ne lui est-il pas arrivé, après .voir beaucoup peiné pour atteindre un coupable, le se le voir arraché des mains par un collègue aloux qui prétend être seul compétent dans l'espèce ! Tantôt, comme à Junhac, c'est un simple juge seigneurial qui l'oblige à remettre entre ses mains un assassin arrêté sur le territoire de la seigneurie. Tantôt le cas est plus grave : M. de Noailles enjoint un jour au vice-bailly, d'aller à Salers s'emparer d'un soldat en rupture de ban qui a été récemment condamné à mort par le grand Prévôt de l'armée de Hollande. La Carrière exécute l'ordre. Mais voilà que le juge royal de Salers, Jean-André de La Ronade, s'avise qu'on vient chasser sur ses terres : il fait fermer les portes de la ville, ameute les bourgeois, houspille pendant deux jours La Carrière, et finalement le renvoie l'oreille basse. Les La Ronade, à Salers, étaient de la même trempe que les Sistrières à Vic : toucher aux prérogatives de leur siège ou toucher à leur personne c'était tout un.

Tout cela explique pourquoi les chevauchées de La Carrière obtenaient de si maigres résultats. Elles étaient nombreuses cependant, car les motifs ne manquaient pas. Jugez-en par cet exposé, fait au hasard, des procès-verbaux que j'ai sous les yeux. Le sieur Soubrier, clerc tonsuré de Jiou de Mamou, bâtonné d'abord par le sieur de Lagarde de Peyregrosse, est tué plus tard d'un coup de fusil par le sieur de La Calsade de Loubejac. La querelle des Dufour et des Berail remplit la ville de Murat : le sieur Dufour, trésorier de France, est blessé à mort par le sieur de Lapsou, cadet de Bérail ; mais les domestiques de la victime ne tardent pas à venger leur maître en attentant à la vie du meurtrier. Du reste la désunion se met bientôt entre les membres de la famille de Bérail, qui finissent par s'entretuer. Une semblable inimitié animait du côté de Vic la maison de Scorailles de Roussille contre la maison de Boisset de la Salle : un duel fut décidé pour vider le différend, duel homérique dans lequel les témoins se battirent entre eux. Le cadet de Scorailles fut tué et son corps transporté au château de Giou, où le vice-bailly vint en faire la constation : ce fut du reste sa seule prise : mais un domestique de la maison de Scorailles releva la vendetta et assassina, l'année suivante, à Ronesque, le sieur de Boisset de Salvanhac. A Chaudesaigues, le bâtard de Scorailles, Jean de Rochemaure, est rossé par les bourgeois. La dame de Montbrun de Chaliers est enlevée par des inconnus. A Vic, Antoine Auzolle, sieur de la Pradelle, Paul de Chazelles, sieur de Saint-Loup, et Georges Vaissier, leur cousin, sont attaqués par des paysans et l'un d'eux est tué. Du côté de Chaudesaigues,

Jean de Rochemaure fait de nouveau parler de lui et pille le château de Saint-Juery, appartenant à Rigal de Fontanges. Le sieur d'Escaffre rosse le sieur Delbos, curé de Sénezergues. Le jeune François de Saint-Mamet est tué d'un coup de pistolet à Marcolès par Antoine Boussaroque. Les gens de Guyon de Barriac se battent avec les fils du sieur de Lacoste de Saint-Cirgues. Le sieur de Pesteils de Fraycinet moleste ses voisins sur la paroisse de Saint-Mamet ; à La Roquevieille, le seigneur du lieu en fait autant ; quant à la dame d'Anjony, elle fait rosser de main de maître les sergents qui sont venus pour saisir ses bestiaux. Au-dessous du château de Murat, le sieur du Noyer, gendre de Falvelly, juge de l'abbé de Maurs, périt dans une querelle avec un paysan ; le nommé Dulac, de Leynhac, tombe sous les coups des sieurs de Puellac et de Gaillard.

Je passe sous silence tous les meurtres, tous les pillages commis par les paysans entre eux, car la liste en serait trop longue. Mais ce qui est digne de remarque c'est que la plupart de ces crimes restaient impunis.

Aussitôt le méfait accompli, nobles et manants s'esquivent avec un ensemble admirable, et quand le vice-bailly fait son enquête, on lui répond que les coupables se sont absentés du pays. Il se contente de cette explication, et peut-être fait-il bien. Il risquerait de s'attirer quelque fâcheuse affaire, et la justice n'en serait pas plus avancée pour cela ; car les criminels ont non loin de là un refuge assuré dans ce diable de pays de Rouergue, avec ses ravins profonds, ses forêts impénétrables et ses pics hérissés de châteaux.

Pour expliquer l'impunité dont jouissaient les coupables, l'écrivain consciencieux ne doit pas omettre de mentionner l'état de corruption de la maréchaussée à cette époque. Le Président Lamoignon n'a-t-il pas déclaré que « les officiers chargés de la police étaient souvent plus à craindre que les voleurs eux-mêmes et qu'on avait reconnu aux Grands Jours de Clermont que les affaires criminelles les plus atroces avaient été éludées et couvertes par les mauvaises procédures des Prévôts des Maréchaux. » Nous croyons sincèrement que dans ce corps contaminé le vice-bailly de Haute-Auvergne et ses gens faisaient une exception honorable. Il y a bien dans les Mémoires de Fléchier le récit de la mésaventure de certain prévôt du côté de Saint-Flour qui, ayant amené à Clermont un convoi de prisonniers, fut lui-même l'objet d'un ordre d'écrou.

Mais rien ne permet de supposer qu'il fût question de La Carrière, et la confiance que le gouvernement royal lui témoigna en lui continuant ses fonctions jusqu'à sa mort, prouve même le contraire.

Ses échecs sont imputables aux nombreuses difficultés que nous avons signalées et non à sa mauvaise volonté. D'ailleurs il ne rentrait pas toujours bredouille. Il était même terrible pour les rôdeurs et les voleurs de grands chemins : et c'était merveille de voir la dextérité avec laquelle il les appréhendait, les jugeait et les faisait pendre. Quelquefois, dans les occasions plus importantes, ses enquêtes étaient couronnées de succès : alors ses procès-verbaux sont moins concis, il se complait en de plus grands détails et nous donne le canevas de quelque affaire sensationnelle dont les journaux aimeraient aujourd'hui à remplir leurs colonnes. De ce nombre est l'affaire du château de Montlauzy, dont la propriétaire, Mme de Chaunac-Lanzac, fut assassinée un jour chez elle par quatre hommes masqués. Son mari qui, à l'instar du sire de Framboisy, était parti en guerre à l'armée de Guyenne, ayant appris le crime à son retour, commença par accuser une façon de cousin à lui, Jean Dumoulin, écuyer, sieur de la Chassaigne, auquel il avait confié à la fois les clefs du château et la garde de sa femme. Mais ses soupçons furent reconnus mal fondés et l'enquête en restait là, quand La Carrière s'avisa que la dame de Montlauzy n'était pas toujours très tendre pour ses tenanciers et ses domestiques ; il se souvint que deux ans auparavant il avait dû verbaliser contre elle, pour avoir molesté et sequestré un de ses amphitéotes. Ce souvenir le mit sur la bonne piste et il eût la satisfaction de faire fustiger et bannir, ou rouer et pendre, suivant leur degré de culpabilité, les domestiques de Mme de Chaunac, dûment convaincus de l'assassinat de leur maîtresse.

Terminons sur l'énoncé de ce succès cette trop longue énumération, qui n'est guère, pour employer un terme de vénerie, qu'une suite de buissons-creux. Pour que la répression des crimes fut efficace, pour que le vice-bailly pût se faire craindre des coupables, il fallait qu'un pouvoir fort se décidât à frapper un grand coup. En 1665 Louis XIV institua donc le tribunal des « Grands Jours d'Auvergne », tribunal d'exception destiné à reviser toutes les causes anciennes et nouvelles. Il y eut peu d'exécutions, mais ce fut un avertissement salutaire : le pays comprit qu'il y avait quelque chose de changé dans le gouvernement et devint plus tranquille, s'il faut en croire le témoignage des contemporains. Paul de La Carrière, plus heureux que ses prédécesseurs, termina doucement sa vie, en 1698, après être resté 42 ans en fonction, car le métier n'était plus aussi dangereux qu'autrefois. Quant à son fils et successeur, Raymond, devenu plus tard grand Prévôt de Guyenne et Inspecteur général de la Maréchaussée, il vécut jusqu'à 90 ans, toujours en charge, préservé des infirmités de la vieillesse par les vertus hygiéniques d'une existence passée au grand air.

N. B. — En relisant cet article il me vient un scrupule. J'ai peur que le tableau que je viens de faire ne soit, comme on dit dans les ateliers, un peu poussé au noir et ne donne au lecteur une idée trop défavorable et par conséquent injuste de l'état moral de la Haute-Auvergne vers 1750. Sans doute à la suite des effroyables troubles du XVIe siècle, les mœurs étaient empreintes d'une rudesse que nous ne connaissons heureusement plus aujourd'hui ; mais que penseraient de nous les générations futures si quelque écrivain pour décrire nos mœurs se contentait de compulser les registres des cours d'assises ? On aurait donc tort de voir dans les procès-verbaux des La Carrière la peinture exacte de leur temps : car si leur métier les obligeait à dresser une liste des méfaits journaliers, les actes de vertu ne les regardaient pas. Aussi bien est-on étonné du petit nombre d'archers dont le vice-bailly disposait pour surveiller un territoire vaste et difficile comme la Haute-Auvergne : et l'on se demande comment se comporteraient nos contemporains s'ils n'avaient pour les maintenir dans la droite voie, la crainte du gendarme, ce commencement de la sagesse.

UNE QUERELLE A SALERS ENTRE GENS DE ROBE ET D'ÉPÉE
au XVIIIe Siècle

UNE QUERELLE A SALERS[1]

entre gens de robe et d'épée

AU XVIIIe SIÈCLE

Se détachant sur l'uniformité des pâturages, la petite ville de Salers, fille du ravin, garde encore aujourd'hui sa physionomie pittoresque et la coquetterie de ses vieux airs d'indépendance. Avec ses maisons serrées les unes contre les autres, aux toitures enchevêtrées, comme un troupeau de bœufs que menace un danger et qui fait front de toutes parts, elle semble n'être resté plus petite que pour défendre plus jalousement l'étroite plate-forme où se dressent les pointes de ses tourelles. Bâtie aux extrémités des grands plateaux solitaires que l'homme a renoncé à peupler, où les vacheries promènent à l'aventure les sons aigus de leurs clochettes, elle se glorifie de n'avoir jamais été conquise

---

[1] Extrait de la *Revue de la Haute-Auvergne*.

par l'ennemi : et ce n'est pas seulement pour la blanche couche de neige dont elle est couverte une partie de l'hiver, qu'elle arborait fièrement jadis son surnom de « ville vierge ». [1]

L'homme emprunte toujours au sol sur lequel il est né quelque chose de sa nature morale, comme l'arbre y prend sa sève : et la race féodale qui la première planta sa bannière sur le rocher de Salers, se distingua toujours par ce caractère de fierté insoumise, que conserve encore la petite ville d'aujourd'hui. Turbulente et hautaine, friande de la lame et peu soucieuse des droits, rude comme le climat de la montagne, elle fut pendant le moyen-âge la providence des petites gens groupés sous l'abri de ses tours, puis, quand l'horizon des siècles s'élargit, elle en devint le cauchemar.

Bien qu'elle ait du de bonne heure partager la seigneurie avec les sires de Pestels, elle n'en conserva pas moins pendant de longs siècles une réelle suprématie, défendit ses droits avec une âpreté jalouse et s'opposa constamment aux efforts des bourgeois de la ville qui voulaient obtenir l'autorisation de se fortifier. Aussi ce fut un rude coup pour les sires de Salers lorsque

---

[1] Président de Vernyes. — Mémoires.

la petite cité obtint du roi Louis XII les franchises communales : mais leur désespoir ne connut plus de borne après que le siège du bailliage des montagnes, qui était établi précédemment à Saint-Martin-Valmeroux, fut transféré à Salers, en l'année 1564. Le nid d'aigle transformé en cité judiciaire ! L'autorité du roi s'installant à l'ombre même des murs du château, comme pour le narguer et couvrant de la robe de magistrat le pavé seigneurial où résonnait d'un ton de maître l'éperon des chevaliers ! Ce n'était point la peine de s'être construit un repaire au-dessus des ravins profonds, puisque les gens du roi venaient taquiner sur son perchoir mélancolique le vieux vautour blessé !

Depuis ce jour une lutte sourde ne cessa de régner entre la famille de Salers et les officiers du présidial, lutte d'influence sans doute, lutte de caste surtout : car ces offices de judicature ne tardèrent pas à donner naissance à des familles riches et honorées, assez prépondérantes pour exciter la jalousie du seigneur et se sentant assez d'avenir pour le jalouser elles-mêmes. A Salers, comme ailleurs, se formait cette noblesse de robe, qui peu à peu devait égaler l'ancienne et souvent la remplacer : peut-être même obtint-elle à Salers plus vite qu'ailleurs considération et autorité : car sur son berceau planait la grande ombre du Président Lizet et l'influence de Jean de Vernye, tous deux enfants de la ville. Puis, il faut tout dire, les barons de Salers n'étaient guère faits pour sympathiser avec les gens de justice : car les traditions des uns et des autres différaient par trop de points essentiels. Au milieu de leurs montagnes peu accessibles, les seigneurs auvergnats étaient restés parfois fort en retard sur leur siècle, et plus d'un pensait, jusque sous le règne de Louis XIV, comme aux âges les plus lointains de la féodalité, qu'il était en droit de se faire justice lui-même. Le Marquis de Salers partageait sans doute cet avis, lorsqu'ayant à se venger d'un ennemi qui avait envers lui des torts réels, il mit le siège devant sa maison, défonça la toiture pour y pénétrer et fit mettre à mort le malheureux. Les Grands Jours d'Auvergne, en 1666, firent justice de ce manque de forme en prononçant la peine capitale contre le coupable, qui était d'ailleurs un brave soldat, même un honnête homme, insinue Fléchier, mais qui avait le tort d'être de mœurs trop arriérées. Malgré la justice du châtiment, on conçoit fort bien que cet arrêt n'ait pas contribué à rendre les gens de robe plus sympathiques à la famille de Salers et l'on ne s'étonnera pas que l'état d'hostilité qui durait depuis un siècle et demi traversât encore une crise aigue au début du XVIIIe siècle, époque à laquelle commence ce récit.

La race primitive des Sires de Salers, race obstinément fidèle au sol natal et qui parmi les aventures d'une longue carrière de gloire n'avait jamais abandonné son berceau, venait de tomber en quenouille ; et son dernier représentant était mort dans ces mêmes murs où ses ancêtres avaient avaient vécu pendant six siècles. [1] Aux seigneurs autochtones, une famille nouvelle, issue d'eux par les femmes, [2] avait succédé,

---

[1] Les deux derniers représentants du nom de Salers, condamnés tous deux par le tribunal des Grands Jours, l'un à mort, l'autre à l'amende, furent : 1° Henri, marié à Diane de Serment dont les filles furent mariées dans les maisons de la Rochelambert, de la Roche Aymon et de Chaussecourte ; 2° François, époux de Marguerite Mossier, fille d'un conseiller du roi, élu de l'élection de Saint-Flour : il fut le père de la dame Scorailles de Mazerolles.

[2] Guillaume, bâtard de Scorailles, avait épousé en 1576, Marie, fille du baron de Salers et de Louise de Beaupoil Saint-Aulaire ; son petit-fils Annet de Scorailles, seigneur de Mazerolles, épousa de nouveau en 1650 une Salers, Diane, qui lui apporta la baronnie de Salers.

héritière de leurs droits bien déchus et de leurs rancunes toujours vivaces.

Ces nouveaux venus, de vieille souche auvergnate, joignaient à la fierté des Salers qui leur venait de leur mère, je ne sais quoi d'indompté et de farouche, qui tenait à l'incorrection de leur origine. Bâtards doublement adultérins de François Ier baron de Scorailles et d'Agnète Charles [1] malgré qu'ils eussent été légitimés depuis par le roi, le pape et les parlements, ils conservaient cet esprit soupçonneux, cette allure inquiète dont s'affranchissent difficilement tous ceux qui sentent peser sur eux quelque souvenir pénible du passé. Ils étaient d'autant plus jaloux de leurs privilèges qu'ils avaient dû parfois les défendre, d'autant plus chatouilleux et méfiants que sous les respects officiels de la bourgeoisie et du peuple ils devinaient peut-être les demi-sourires ironiques et les réticences malveillantes.

---

[1] François Ier de Scorailles était marié à Anne de Montal, lorsqu'il eût un bâtard nommé Guillaume, d'une femme mariée de condition roturière, qui s'appelait Agnète Charles (lettres de légitimation accordées par le roi Charles IX en 1561, bulle du pape en 1556, transaction entre Guillaume et les enfants d'Anne Montal). Je ne sais comment les généalogistes ont fait d'Agnète Charles une demoiselle noble du nom d'Agnès de Mazerolles.

Pendant que la famille de Salers entrait dans une période de décroissance relative, une maison, d'abord obscure, s'élevait peu à peu à côté d'elle par la possession continue des premiers offices de judicature et gagnait en notoriété et en influence tout ce que l'autre perdait. Les André de la Ronade étaient venus s'installer à Salers peu de temps après la translation du bailliage dans cette ville et n'avaient pas tardé à être revêtus de la charge de lieutenant général, la première du pays.[1] Cette charge était devenue en quelque sorte héréditaire dans la famille et lui avait donné assez de lustre pour que ses membres aient rapidement contracté des alliances avec les familles les plus anciennes et les plus marquantes du pays ; et même, ce qui avait dû être particulièrement sensible aux de Salers, Gabriel de la Ronade épousa en 1676,

[1] Cette charge était entrée dans la famille en 1620 en récompense des services rendus à la province d'Auvergne lors des troubles arrivés sur la fin du quinzième siècle. Elle n'en sortit qu'en 1775, époque à laquelle Jean-André de la Ronade étant mort, son fils la vendit à Antoine Lescurié de Lavergne qui en fut le dernier titulaire.

Rose de Scorailles [1] de la branche aînée et légitime de cette illustre maison.

A l'origine, les femmes, toujours plus pointilleuses que leurs maris sur le chapitre des préséances, avaient envenimé la querelle et en étaient venues jusqu'aux voies de fait : car sur la place publique, la marquise de Salers, avec l'aide de sa suite, avait administré une volée de coups de bâton à Jeanne et à Gabrielle Broquin, femmes du conseiller Tyssandier et du procureur Delort. Cet escadron d'amazones montagnardes tenait le pavé, annonçant l'intention de remettre successivement à leur place toutes les dames du bailliage ; et pour rétablir l'ordre il avait fallu que le vice-bailli de Haute-Auvergne, Jacques de la Carrière, chevauchât en personne jusqu'à Salers. [2]

Ce n'était encore que la lutte de la robe contre la robe ; mais peu à peu les choses s'aigrirent, les esprits s'exaspérèrent et les maris entrèrent

---

[1] Son père était Jean de Scorailles, fils de François III et de Jeanne de Saint-Chamans ; sa mère était fille d'Antoine de Vigier et de demoiselle de Ferrières-Sauvebœuf.

[2] Extrait des procès-verbaux des chevauchées de La Carrière, vice-bailli de Haute-Auvergne. Manuscrit. Archives de Fargues.

dans la lice. Il y eut d'abord une guerre sournoise, à coups d'épingles, chacun cherchant le point le plus vulnérable de l'amour-propre de son adversaire. En 1665, les officiers du bailliage avaient instruit le procès du marquis de Salers avec un zèle doublé par l'animosité personnelle et avaient poussé activement l'affaire aux Grands Jours de Clermont. Puis, lorsque le lieutenant général La Ronade eut été chargé, en exécution de la sentence, de faire raser le château seigneurial et couper les avenues à trois pieds du sol, il apporta dans cette opération si peu de ménagement qu'il avait l'air de « se venger lui-même et de vouloir ériger sa fortune sur les ruines de son seigneur. »

Cette dernière phrase, extraite d'un Mémoire présenté par les Sires de Salers, indique le ton que ceux-ci prenaient vis-à-vis des La Ronade. Avec une impertinence qui était déjà un anachronisme, ils affectaient de les traiter sur le ton de seigneur à vassal, sous prétexte que les La Ronade avaient quelques parcelles de biens relevant de la terre de Salers, notamment le petit fief de Lizet. L'homme de robe était perplexe : il aurait volontiers vendu ce fief pour se débarrasser des tracasseries qu'il lui procurait, mais il lui en coûtait aussi d'aliéner ce dernier lambeau d'héritage, qui attestait sa descendance du président Lizet et était pour un magistrat une recommandation et un titre de bon augure. D'ailleurs il se vengeait en veillant rigoureusement à ce que les Salers respectassent l'arrêt des Grands Jours qui privait leur terre de ses droits de justice, et même après la réhabilitation de 1682, en contestant sans cesse la compétence des officiers de la baronnie et en évoquant toutes les affaires à son tribunal.[1]

Tant que subsista la grande race, qui portait le nom de Salers, les La Ronade n'eurent que peu de prise sur elle, mais la partie devint plus belle quand les Scorailles de Mazerolles héritèrent de la seigneurie. Ce fut alors contre les nouveaux venus une suite non interrompue de taquineries qui blessaient cruellement leur amour-propre. On avait surpris à M. de Fortia, commissaire désigné pour la recherche des faux-nobles, un jugement tendant à infliger une amende aux sieurs de Mazerolles pour usurpation de la qualité de gentilhommes. Ce jugement avait d'ailleurs été réformé.

[1] Extrait des procès-verbaux des chevauchées de La Carrière. — Arrêt du 16 avril 1682, permettant de reconstruire le château sur l'emplacement de l'ancien et rendant la justice à la baronnie. Appel fut fait de cet arrêt.

Mais on n'en racontait pas moins dans le public que François de Scorailles avait été imposé à la taille, et que sa veuve Marguerite de Barriac, dame de Rouméегoux, avait dû se faire réhabiliter comme ayant épousé un roturier.[1] Les La Ronade s'étaient procuré la copie des lettres de légitimation, intérinées au bailliage d'Aurillac, le 5 février 1563 et accordées par le roi Charles IX en avril 1561 à Guillaume de Scorailles « issu par copulation illicite de noble François de Scorailles, du temps de la procréation marié et d'Agnète Charle, aussi mariée ». Ils avaient également obtenu communication d'une bulle du Pape, du 15 juin 1556, vérifiée et fulminée par l'official de Clermont, l'année suivante, dans laquelle il était exposé que Guillaume de Scorailles « est né de la conjonction illicite d'un père noble marié et d'une roturière aussi mariée ». Ces libelles et bien d'autres, répandus dans la ville avec complaisance, étaient passés de mains en mains, et l'on pense si les bourgeois faisaient des gorges chaudes.

---

[1] Lettres de réhabilitation du 30 avril 1635, intérinées à la cour des aides de Clermont, le 24 mai de la même année.

Ceci se passait dans les premières années du XVIIIe siècle. Les Salers sentaient la moutarde leur monter au nez : volontiers ils auraient joué de l'épée ou plutôt du bâton, car ils affectaient de traiter le lieutenant général « comme un vassal né roturier revêtu d'une petite charge de judicature, dont la valeur ne dépasse pas 4.000 livres, qu'il ne tient pas de la libéralité du prince ainsi qu'il s'en vante, mais qui a été levée aux parties casuelles, par un de ses ancêtres ». Ils étaient alors cinq vigoureux garçons, fils d'un vaillant soldat, François de Scorailles, qui s'était distingué dans la tranchée, sous les yeux du roi, aux sièges de Gand et d'Ypres. Leur mère était la fille du marquis de Caissac et d'une demoiselle de Pestels. Tous les cinq, à l'exemple de leurs ancêtres, suivaient la carrière des armes : l'aîné, dit le baron de Salers, capitaine dans la Motte-Houdancourt, gouvernait pour le roi le château de Crèvecœur ; le second était capitaine dans le régiment de Saillant ; le troisième, lieutenant dans le régiment d'Auxerrois ; le quatrième, connu sous le nom de chevalier de Milliard, était cornette dans le régiment du Cheylar ; le cinquième occupait la même place dans Orléans-dragons : c'était le benjamin de la famille, on l'appelait « le chevalier » tout simplement.[1] On voit que la position de la maison n'était pas mauvaise; mais de leur côté les La Ronade étaient aussi solidement établis. Le lieutenant général au bailliage des Montagnes, conseiller du roi, seigneur de Montclar et baron d'Apcher, avait épousé Louise de Méallet, fille du second mariage du comte de Fargues et de Marguerite Laparra de Fieux : celle-ci était la nièce et la fille adoptive de l'illustre général, émule de Vauban, une des gloires de la Haute-Auvergne.[2] Les Méallet avaient dans le pays une parenté et une influence considérables : toutes les plus grandes maisons de la province étaient leurs proches alliées; et chose curieuse, le demi-frère de Madame de La Ronade, Louis, comte de Fargues, avait épousé en seconde noce, Jeanne, fille, comme la baronne de Salers, d'un Cayssac et d'une Pestels. D'ailleurs, quelques gouttes de sang des Méallet coulaient dans les veines des Scorailles de Mazerolles depuis

1 Citations et pièces de procès. — Généalogie de Scorailles. — Archives de Fargues.

2 Généalogie de la maison de Méallet de Fargues. La généalogie que le Nobiliaire de Bouillet donne de cette maison est fort incomplète et très erronée, comme du reste celles de la plupart des familles de la Haute-Auvergne.

que leur aïeul avait épousé Catherine de Barriac, fille d'une demoiselle de Fargues : mais ces liens de parenté n'empêchaient pas les deux familles de se détester cordialement.

En 1717, à l'instigation de sa mère, le cadet de Scorailles, accompagné de ses domestiques, déguisés comme lui en paysans, profita de l'absence du sire de La Ronade pour aller, nuitamment, casser les vitres de la chambre de sa femme, après lui avoir fait un grand charivari et s'être livré à des quolibets peu honorables pour la dame. Malheureusement pour les agresseurs, ils avaient été reconnus : d'où plainte, enquête, décret de prise de corps. Des choses allaient se gâter, quand des parents communs s'entremirent et ralentirent la marche de l'affaire. Profitant de ce répit, le baron de Salers, grâce au prestige de son fameux droit de justice que le bailliage lui contestait, s'introduisit dans le greffe, séduisit ou intimida le greffier et enleva toutes les pièces de la procédure. Puis, après s'être mis à l'abri par ce coup de maître, accompli du reste à la sourdine, il envoya promener les entremetteurs et n'en continua que de plus belle à narguer les La Ronade. Ceux-ci exaspérés eurent beau adresser requêtes sur requêtes à la Cour de Riom et pousser les magistrats l'épée dans les reins, il fut impossible de retrouver trace de l'affaire : et leur seule consolation fut de maintenir longtemps en prison l'infortuné greffier, désavoué d'ailleurs par les Scorailles. Alors ils engagèrent contre leurs adversaires une série de procès, auxquels on répondit par une série de chicanes et de procédés blessants. Pendant dix ans, la ville tour à tour à tour se divertit ou s'indigna à ce spectacle et la situation était des plus tendues lorsqu'en 1726, une simple fenêtre de trois pieds carrés devint l'orifice par lequel se déchaîna la tempête.

La maison des La Ronade était située sur la place, à l'entrée de la rue dite « des nobles », en face de la maison Tyssandier d'Escous. L'hôtel de la famille de Salers ne devait pas être bien éloigné, puisqu'il avait vue sur la place, et que, par contre, les La Ronade pouvaient, grâce à une petite ouverture, apercevoir un coin de la cour de leurs ennemis.[1] Les La

[1] Tous les détails que nous donnons concernant la querelle des Scorailles et des La Ronade sont extraits des pièces du procès conservées aux archives du château de Fargues. (Mémoire présenté par le sire de La Ronade contre les sieurs de Salers, cote 25. Réponse des sieurs de Salers, Archives de Fargues, 1732.)

Ronade profitèrent-ils de cette circonstance pour narguer leurs voisins, ou les Scorailles voulurent-ils simplement vexer les La Ronade? Toujours est-il que les Scorailles firent rendre par le juge de leur seigneurie un arrêt ordonnant que la fenêtre serait bouchée, et, pour établir que La Ronade était leur vassal et leur justiciable, ils lui firent donner ordre de venir leur rendre foi et hommage du fief de Lizet. On était au mois de janvier: une couche de neige de cinq à six pieds couvrait la terre; le lieutenant général, très gravement malade, avait dû recevoir les derniers sacrements. Aussi demanda-t-il le délai dit de *souffrance*: mais les autres, trop heureux de lui être désagréables, s'empressèrent de refuser et lui intentèrent une demande en commise de son fief, prétextant le refus d'hommage. Aussitôt La Ronade de formuler opposition sur opposition et de faire rendre par le baillage des Montagnes une ordonnance annulant celle du juge seigneurial. Voici donc la lutte des deux justices très nettement engagée, du seigneur contre le robin, du droit codifié et paraphé contre les vieux droits émoussés par le temps. L'issue ne pouvait en être douteuse: car si La Ronade était vassal du baron de Salers, ce n'était pas à titre personnel, mais simplement pour un petit fief, « de quelques chars de foin » et d'ailleurs le juge de la baronnie ne pouvait connaître d'un fait qui n'était ni de seigneurie ni de censive.

Aussi les Scorailles, sans attendre la décision de la cour de Riom, devant laquelle le litige avait été porté, tentèrent-ils d'exécuter eux-mêmes l'arrêt qu'eux-mêmes avaient rendu.

Les cinq frères se trouvaient alors réunis à Salers et l'occasion semblait favorable. Un matin ils s'élancent sur la place, et, pendant que l'un d'eux fait sonner le tocsin, les autres expliquent aux habitants effarés que les La Ronade se sont mis en rébellion ouverte contre leurs seigneurs et qu'en conséquence il est ordonné à tous ceux de Salers, au nom des droits que les Scorailles ont sur la ville, d'aider ceux-ci à mettre les révoltés à la raison. Pendant ce temps le lieutenant général, paraissant à sa fenêtre, avertissait les citoyens des peines sévères que l'édit de 1704 portait contre ceux qui s'aviseraient de molester les gens de robe. Pris entre deux feux, sachant bien que si les Scorailles étaient violents, les La Ronade avaient le bras long, les habitants prirent le parti de se disperser, et, poursuivis par les appels et les menaces des cinq frères, se réfugièrent hors de la ville, dans les villages environnants, « et même dans les bois et les cavernes des rochers, abandonnant femmes et enfants pendant plusieurs jours. » N'ayant pu résoudre les habitants de Salers, « même en les traînant par les cheveux et en les rouant de coups », à les aider dans l'œuvre de démolition et de pillage qu'ils méditaient, les Scorailles allèrent recruter des vauriens dans les communes voisines, et à la tête d'une véritable petite armée munie de haches, de pieux et de fusils, mirent pendant huit jours le siège devant la maison du premier magistrat du pays. Ce tableau, que j'emprunte à la requête présentée par les La Ronade, est peut-être un peu poussé au noir et l'impartialité m'oblige à ajouter que, dans leur réponse, les Salers racontent ces événements d'une façon moins tragique. Je pense aussi que le lieutenant général ne soutint pas à lui seul durant huit jours, tel qu'un héros d'Homère, l'assaut d'une armée entière, et que toute la compagnie judiciaire tint à honneur de se ranger derrière son chef. Quoi qu'il en soit, la position devint assez critique pour que La Ronade députât dans les châteaux voisins auprès de ses parents pour leur demander aide et protection. Le Commandeur de Fargues, grand maréchal de l'ordre de Malte, [1] qui se trouvait alors en visite à Saint-Illide chez son cousin, le marquis de la Valette-Parisot, [2] accourut le premier, amenant son hôte avec lui. Tous deux étaient parents des deux parties, tous deux étaient des personnages considérables : leur présence calma les esprits et l'on décida de s'en rapporter à la décision de quatre arbitres désignés par le grand maréchal, après acceptation des intéressés. Ces arbitres furent pour les Scorailles, le vieux marquis de Cayssac-Sédaiges, universellement respecté, et qui, tant qu'il avait pu tenir en selle, avait commandé l'arrière-ban de la noblesse du ressort d'Aurillac, et Claude d'Anjony de Foix, alors mestre de camps de cavalerie ; du côté des La Ronade, on choisit le marquis de La Valette-Parisot et Jacques de Chazettes, sieur de Bargues, avocat au Parlement. Ce petit tribunal tomba d'accord sur le choix de trois avocats en renom, Mes Ber-

---

[1] Henri de Méallet, d'abord receveur de l'ordre au grand prieuré d'Auvergne, puis maréchal, frère cadet du père de Madame de La Ronade.

[2] Guyon de Barriac, de la maison d'Albars. Il avait hérité de l'illustre nom de La Valette-Parisot, avec mission de le transmettre, à défaut d'héritier direct, au plus digne d'entre ses parents.

royer, de La Vigne et Jouault qui devaient rendre la sentence définitive. L'accord paraissait complet et, après une messe solennelle, célébrée par Joseph de Méallet de Fargues, comte de Lyon, et depuis évêque de Saint-Claude, le pacte fut signé par les deux familles, par les arbitres, et par un grand nombre d'amis, entre autres : le baron de Scorailles, de Lafarge, chevalier de Saint-Louis ; Jean Salvages, conseiller du roi, François Tyssandier, lieutenant particulier ; Chevalier, Dupuy, Bertrandy et Pons.

Mais les La Ronade étaient de vieux retords : nourris depuis des siècles de l'étude de la procédure, ils en connaissaient toutes les subtilités et tous les détours. Pendant que le lieutenant général traitait à l'amiable avec le baron de Salers pour le fond du litige et pour les dommages-intérêts, sa femme, domiciliée à Paris, rue Saint-André-des-Arts, portait plainte au Parlement contre les chevaliers de Scorailles et de Milliard, frères cadets du baron, et les faisait poursuivre au criminel, en raison des violences exercées par eux personnellement. Les deux jeunes gens, ayant reçu l'ordre de comparaître devant le lieutenant-criminel d'Aurillac, quittent un beau jour leurs régiments respectifs, et débarquent à Salers, la rage au cœur; là, ils apprennent que M. de Salvages, conseiller au bailliage, vient de recevoir l'ordre de reprendre l'instruction de l'affaire de 1717, dont les pieces avaient disparu. C'était par un beau dimanche du mois de mai 1727, sur le coup de midi. On sortait de la grand'messe et les bourgeois de la ville flânaient sur la grande place, véritable forum de cette petite cité judiciaire. Tout à coup, le chevalier de Salers, en se penchant à sa fenêtre, aperçoit de l'autre côté de la place le lieutenant général La Ronade, qui cause, assis sur un banc de pierre, avec Salvages, le conseiller rapporteur. Le grave magistrat fit-il un pied de nez au chevalier, ainsi qu'on tenta de l'établir au procès, ou bien ce garçon se laissa-t-il entraîner par l'ardeur de son ressentiment et l'irréflexion de ses 25 ans? Toujours est-il que, quittant sa maison, le jeune homme courut sus à La Ronade, et le frappa d'un gros bâton qu'il tenait à la main. Le coup fut si rude que le bâton se brisa sur le dos du magistrat, s'il faut en croire les mémoires accusateurs, formellement contredits par la défense qui affirme que le coup porta simplement sur l'angle de la muraille. Aux cris poussés par la victime, la foule s'amassa et s'apprêtait à faire un mauvais parti au jeune homme. Ses frères accoururent aussitôt, escortés du sieur de Fumel[1] et ce petit groupe d'hommes résolus et armés mit en fuite les timides bourgeois, qui se contentèrent de réintégrer en son logis La Ronade tout meurtri ou feignant de l'être.

Comme bien l'on pense, l'affaire n'en resta pas là. Madame de La Ronade, qui était une maîtresse femme,[2] « porta jusqu'aux pieds du trône les doléances de son époux et de tout le corps judiciaire insulté en sa personne. » Le roi fut touché de son infortune et ordonna des poursuites contre les coupables. Un procès s'ensuivit qui dura plusieurs années, suivant l'usage du temps, et se termina le 26 mars 1733 par la condamnation des frères de Scorailles. Le chevalier de Salers eut pour sa part neuf années de bannissement, 50 livres d'amende au roi et dix mille livres à payer aux époux La Ronade en guise de réparation. Quant à Annet de Scorailles et au chevalier de Milliard, ils dûrent faire chacun une aumône de dix livres « au

[1] De la famille Mossier, originaire de la ville, famille de finances, alliée à celle de Salers.

[2] « Notre dragon de tante », lettre du comte de Fargues à l'évêque de Saint-Claude, son frère.

pain des prisonniers » après avoir été sévèrement admonestés.

Mais les condamnés avaient sagement pris la fuite : car, depuis quelques jours, leur situation s'était singulièrement aggravée. Au cours du procès, les Scorailles de Salers, agacés de s'entendre toujours jeter à la tête l'incorrection de leur origine, voulurent se laver de ce reproche, en insinuant que Guillaume le bâtard n'était pas leur auteur, mais celui de la branche des Scorailles, établie en Bourgogne. Cette faute, habilement exploitée par les La Ronade, amena l'intervention au procès d'Etienne Marie, marquis de Scorailles, capitaine de cavalerie au régiment de Sassenage, qui vint demander réparation de l'outrage fait à lui et aux siens. Nous ne savons pas exactement à quels démêlés cet incident donna lieu, mais il ressort clairement d'une pièce du procès que la famille de Salers fut une fois de plus fidèle à sa mauvaise habitude de se faire justice elle-même et de se tirer par la violence des situations douteuses ; car une sentence de contumace, rendue le 14 décembre 1733 par le lieutenant criminel du Châtelet, nous apprend que les deux frères de Salers ont été atteints et convaincus d'assassinat sur la personne d'Etienne-Marie, marquis de Scorailles, et que par conséquent, ils sont condamnés « à avoir la tête tranchée, effigiés en un tableau attaché à une potence qui pour cet effet, sera planté en la place de Grève, tous leurs biens acquis et confisqués au roi, etc. »

Ainsi voici les Salers voués à la honte du pilori, fugitifs, à demi ruinés : le triomphe des La Ronade semble avoir été complet. Il ne faut cependant pas s'illusionner sur la portée et les conséquences de tous ces arrêts de déchéance, de confiscation et de mort. Nous voyons finalement que dans cette suite de querelles tragiques, comme dans les romans de cape et d'épée, les morts ressuscitent et les blessés ne s'en portent que mieux. Le sire de La Ronade, la victime de 1727, avait, six ans plus tard, toute la vitalité et toute l'énergie nécessaires pour poursuivre sans merci ses agresseurs ; quant au capitaine, marquis de Scorailles, dont l'assassinat avait valu aux frères de Salers une condamnation à mort, nous lisons encore son nom dans l'annuaire de 1758. Il était devenu lieutenant général, ce qui prouve que ses blessures n'avaient pas nui à son avancement. Puisque les victimes se portaient si bien, il eût été excessif d'appliquer à leurs assassins les peines sévères prononcées contre eux ; aussi le baron de Salers, condamné au dernier supplice en 1733, comme le marquis en 1666, revint-il comme son ancêtre, vivre et mourir au berceau de sa famille, après avoir fait souche d'une lignée, qui s'est éteinte dans de bonnes maisons du pays. La procédure du temps était trop longue pour être bien meurtrière : on avait le temps de prendre ses mesures et d'ergoter sur une sentence capitale ; d'ailleurs le roi rendait très souvent les biens confisqués ; quant à la tête, il n'en avait que faire. De toutes ces poursuites criminelles, les Scorailles de Mazerolles ne retirèrent d'autre dommage que la privation de l'héritage des La Valette-Parisot qui échut à la maison des Méallet de Fargues, le dernier marquis n'ayant pas voulu que ce nom illustre fût relevé par une famille qui avait eu de retentissants démêlés avec la justice. Chose curieuse, l'échafaud dont les de Salers avaient été si souvent menacés, n'était pas fait pour eux, tandis que le siècle ne devait pas s'achever avant que la guillotine révolutionnaire ne fit tomber à Aurillac la tête de la comtesse de La Ronade, la propre belle-fille de leur adversaire.

ÉPISODES DE LA RÉVOLUTION DANS LE CANTAL

LA JACQUERIE DE 1792

ÉPISODES DE LA RÉVOLUTION

DANS LE CANTAL

LA JACQUERIE DE 1792

I

Jusqu'au mois de mars 1792, le Cantal comptait au nombre des départements dans lesquels la paix publique n'avait pas été sérieusement troublée.

Le caractère modéré de ses habitants, leur éloignement des mesures violentes, leur attachement aux vieux usages, moins peut-être par la force de l'habitude que par défiance des nouveautés, les préservèrent de la fougue des premiers emportements révolutionnaires.

Les membres des administrations départementales, élus par le peuple, étaient des hommes honnêtes, sincèrement attachés aux idées nouvelles mais ne voulant pas que la liberté dégénérât en licence, observateurs respectueux de la Constitution et des droits des citoyens. Ils étaient recrutés, pour la plupart, dans la portion la plus saine et la plus instruite de la bourgeoisie; et c'est à peine si dans leurs rangs on rencontre les noms de deux ou trois des exaltés qui domineront le Cantal pendant la crise aiguë de la période révolutionnaire. Ce serait donc une erreur que de les juger d'après le style enflammé de leurs proclamations, pleines d'anathèmes et de menaces, lequel n'était que le langage officiel des fonctionnaires de ce temps-là ; car, alors, le mot allait plus loin que la pensée, jusqu'au jour où le peuple, saturé de ces formules et grisé par leurs dangereuses excitations, devait les prendre au pied de la lettre et mettre en action toute cette phraséologie meurtrière. Guitard présidait le département, et Falvelly le district d'Aurillac ; la plupart même des membres de la municipalité de la ville étaient considérés comme un peu réactionnaires, et la Société Populaire était sans cesse occupée à activer le zèle des différents corps constitués, qu'elle ne trouvait pas à la hauteur de ses principes et de son ardeur. Enfin, dans les derniers jours de l'année 1791, l'assemblée électorale envoyait encore siéger sur les bancs de la Législative une députation d'hommes modérés, et n'accordait qu'un nombre bien moindre de voix à leurs compétiteurs, dont les idées étaient infiniment plus avancées. [1]

L'immense majorité des paysans était très attachée à la religion catholique et à ses ministres, que les réformes les plus radicales et les persécutions les plus ardentes ne purent leur faire oublier. On ne vit pas non plus éclater parmi eux cette haine des classes privilégiées qui se manifesta avec tant de violence dans quelques autres provinces. Aucun gentilhomme ne fut massacré ; et, s'il y eut des châteaux pillés et brûlés, ce fut, nous le verrons, l'œuvre

---

[1] Les députés étaient :

Guitard fils, avocat à Aurillac, président du département. — *Henry*, conseiller au bailliage de Saint-Flour, membre du directoire du département. — *Vayron*, archiprêtre de la cathédrale, procureur-syndic du district de St-Flour. — *Gros*, avocat à Salers, procureur-syndic du district de Mauriac. — *Salvage*, avocat à St-Martin-Valmeroux, membre du district de Mauriac. — *Benoid*, avocat à Allanche, administrateur du département. — *Teillard*, prévôt de la ville de Murat, membre du directoire du département. — *Perret*, homme de loi à Aurillac, officier municipal.

Députés suppléants :

Vacher de Tournemire, de Mauriac. — *Benoît Jalenques*, de Maurs. — *Durand Doude*, de Saint-Flour.

de quelques agitateurs, tandis que les populations des paroisses où se commirent ces excès, loin d'envahir les premières les propriétés de leurs seigneurs, de ces « monstres à face humaine », comme les appelait aimablement le rédacteur du *Cantaliste*, protestaient presque toujours par leur absence ou n'intervenaient que pour rétablir l'ordre. Aussi ne fut-il guère commis de désordres en dehors du cercle restreint dans lequel s'exerçait l'influence d'une seule commune et d'un seul homme, qui mirent à profit les germes de discordes éclos dans le pays, et sur lesquels doit être rejetée toute la responsabilité des événements de 1792.

Il serait, en effet, puéril de ne pas reconnaître qu'il régnait une certaine fermentation dans le fond de la masse populaire. La constitution civile du clergé avait été une pomme de discorde jetée dans les paroisses les plus pacifiques et une occasion de révolte. En outre, les agitateurs, profitant du départ de certains gentilshommes pour l'émigration, représentaient les ci-devant privilégiés comme les ennemis nés du nouvel ordre de choses, et les englobaient, avec les prêtres, dans la classe des suspects, à laquelle ils reprochaient de troubler la paix publique. Aujourd'hui, que le temps a calmé des passions déjà centenaires, on peut reconnaître que l'émigration fut une grande faute politique ; mais il serait injuste de vouloir juger les hommes d'alors d'après nos idées actuelles et de ne pas avouer qu'ils avaient bien des sujets d'excuses.

Dès ses débuts, la Révolution avait pris une attitude nettement hostile aux anciennes classes dirigeantes, et de jour en jour la guerre semblait devenir plus implacable. Dans les cabarets, dans les réunions publiques, les meneurs déblatéraient contre les nobles, qu'ils représentaient sous les couleurs les plus noires et auxquels ils prêtaient les desseins les plus perfides. Quelques preuves de civisme que ceux-ci s'efforçassent de donner, ils étaient en état de suspicion perpétuelle et sentaient « comme un air de doute et de mystère »[1] les environner. Le péché originel pesait lourdement sur eux. Ceux[2] qui avaient obtenu des emplois publics de la confiance de leurs concitoyens, comme M. de Raffin, maire de Salers, le marquis de Roquemaurel, chef de la garde nationale de cette ville, le chevalier de Conros, commandant celle d'Au-

[1] Lettre de M. de Sédaiges au comte de Fargues.

[2] Archives de Salers.

rillac, étaient en butte à tant de tracasseries et d'insinuations malveillantes qu'ils se voyaient contraints de donner leur démission : et leurs amis et parents se retiraient, à leur exemple, des différents corps où leur présence semblait faire une tache. Au lieu du respect dont ils étaient environnés naguère, et dont, il faut le reconnaître, la grande majorité de la noblesse auvergnate était digne, ils étaient, tous les jours, exposés aux injures et aux sarcasmes, et il semblait que le mot d'ordre fût de les huer, « comme des bergers criant à l'aspect du loup.» [1] Le journal le *Cantaliste*, racontant le voyage de l'évêque constitutionnel à Mauriac, ajoutait : « Les citoyens qui accompagnaient Thibaut « aperçurent deux animaux d'une espèce nou« velle et hideuse ; ces animaux s'appellent des « aristocrates. Ils étaient de Salers. Buffon n'en « parle pas, mais ils n'en existent pas moins. « Nos frères d'armes donnèrent à Mgr l'évêque « le plaisir de cette chasse nouvelle et coururent « vers ces deux bêtes fauves. Mais ces animaux, « qui sont surtout très légers à la course, dis« parurent à l'instant. »

Ce n'étaient encore là que des paroles ; mais,

---

1 *Cantaliste.*

en présence des meurtres qui se commettaient dans d'autres parties de la France, ces préludes pouvaient paraître significatifs.

La jeunesse, qui a l'épiderme plus chatouilleux, partit la première. Le plus grand nombre étaient des officiers qui rejoignaient leurs chefs par delà la frontière et pensaient accomplir leur devoir en ralliant leur drapeau en quelque lieu qu'il se trouvât. Deux familles alliées, les Sédaiges et les de Fargues, composées d'une dizaine de jeunes militaires, ardents et vigoureux, donnèrent le signal et entraînèrent avec eux leurs parents et leurs compagnons d'armes, qui devaient former plus tard les cadres du régiment de Fargues-dragons. On partait joyeux, avec la ferme conviction qu'on reviendrait dans quelques mois. [1] Hélas ! ce laps de temps écoulé, plus d'un, ayant perdu ses illusions, cherchait à rentrer dans ses foyers : mais les décrets de l'assemblée leur avaient fermé le chemin du retour : et l'exemple d'un gentilhomme du pays, le comte de Cayssac de Laroquevieille, massacré dès le mois de juin 1791, [2] pour avoir voulu revoir sa patrie, les

[1] Lettres du temps.

[2] Procès-verbal des officiers municipaux de Neuville-sur-Ain.

enchaina sur la rive étrangère par la crainte de se jeter bénévolement dans la gueule du loup.

Cependant, outre ceux qui n'émigrèrent jamais, ainsi qu'en font foi les registres d'écrou, et ceux qui furent portés à tort sur la fameuse liste, alors qu'ils s'étaient simplement retirés dans une ville voisine, [1] la plupart des gentilshommes résidaient encore tranquillement chez eux, quand le roi fut arrêté à Varennes, dans sa fuite. Ce fut à eux qu'on s'en prit de cette malheureuse tentative ; ils furent déclarés suspects, otages de la nation, et l'on procéda à leur désarmement immédiat. [2] Ce dernier trait acheva de décider ceux qui hésitaient encore. Nous en trouvons une preuve dans les archives de la municipalité de Salers. En juillet 1791, on avait désarmé, conformément aux décrets, tous les *ci-devant* résidant alors dans les environs : Roquemaurel, les Raffin, Chazettes de Bargues, Pons, Chevalier-Longevialle, Dupuy, La Ronade, les Bertrandy de Barmontel, Lafarge, etc. Un mois après on constatait l'absence de trois d'entre eux ; les autres disparurent un à un.

---

[1] Réclamation de la comtesse de Fargues, de la marquise de Léothoing, du chevalier de Bonal, etc.

[2] Archives de Salers ; de Vic ; directoire d'Aurillac, etc.

Aussi, quand éclata la Jacquerie de 1792, un grand nombre de châteaux étaient-ils vides.

Une autre cause de fermentation dans les classes populaires était la disette qui régnait depuis trois ans. En 1789, le froid et les pluies continuelles avaient fait périr les récoltes. L'année suivante les champs étaient pleins de promesses, lorsque, dans la nuit du 11 juin, [1] une gelée violente emporta toutes les espérances. Le pays fut plongé dans une détresse lamentable, que l'année 1791 vint encore aggraver. Au mois de mars, les registres des municipalités nous apprennent que, malgré tous les efforts, les ouvriers demeuraient sans travail et mouraient d'inanition. Les animaux les plus paisibles deviennent mauvais quand ils ont faim ; et l'homme tient de l'animal par trop de points communs pour échapper à cette loi. La crainte de manquer de pain, ce premier aliment de la vie, avait répandu une telle terreur qu'elle fit éclater de graves désordres dans plusieurs localités du département : à Saint-Flour, à Murat, à Raulhac, à Badailhac. [2] Le peuple, poussé à

---

[1] Manuscrit de Gourlat de la Veyrine.

[2] Assemblée départementale. — Registres des municipalités.

bout de misère, arrêtait les voitures de blé que les paysans conduisaient au marché et se partageaient le butin. A Murat, les femmes, armées de fusils, qu'elles avaient enlevés à la garde nationale, contraignirent les marchands à leur livrer le blé au-dessous du prix et leur firent souscrire, sous les yeux des officiers municipaux, impuissants à réprimer ces désordres, l'obligation de fournir abondamment le marché jusqu'à la prochaine récolte. Des gardes nationales se mirent à faire des perquisitions, et l'on vit des communes taxer leurs voisines. « Un « abus monstrueux se perpétue, écrivait le con« seil permanent du district de Mauriac, plu« sieurs municipalités font des réquisitions jour« nalières de denrées : par ce moyen, elles « désolent les autres communes, entravent la « libre circulation des denrées et marchandises, « et portent une atteinte mortelle à la liberté du « commerce et aux lois. »

De là naissaient des conflits, qui pouvaient devenir graves, et entretenaient un état de trouble. Trois commissaires de Salers s'étaient rendus un jour à Saint-Chamant à la tête de 50 hommes de la garde nationale pour réquisitionner 200 setiers de blé ; mais la municipalité ayant refusé d'en donner plus de 30, et la nuit étant survenue pendant les pourparlers, les gens de Salers durent se loger chez l'habitant. « Le lendemain matin, le détachement s'étant « réuni sur la place, reconnut un rassemblement « de 400 hommes armés de fusils, haches, faulx « emmanchées à rebours, sabres, bâtons. Pour « intimider le rassemblement, les commissaires « firent ranger leur troupe en bataille ; mais, « voyant que les autres en faisaient autant, ils jugèrent prudent de se retirer ». [1]

A cette même époque, des industriels, que l'on désigna sous le nom honni d'*accapareurs*, spéculaient sur la rareté des denrées pour en faire hausser les prix. Une colère sourde grondait parmi les populations affamées. C'est alors que les administrations publiques, pour se disculper vis-à-vis des citoyens qui commençaient à accuser leur négligence, et que les agitateurs, pour achever d'exciter les esprits trop crédules, dénoncèrent d'un commun accord les aristocrates et les prêtres comme ayant formé le dessein de réduire le peuple par la privation des denrées de première nécessité. « Tous les « aristocrates, disaient-ils, font en ce moment « leurs derniers efforts pour entraver la marche

[1] Rapport des commissaires. — Arch. de Salers.

« rapide et sûre de notre révolution, sentant « qu'il n'ont d'autres ressources pour faire « triompher le despotisme que de nous priver « de subsistance. »[1]

On voit que, malgré l'incontestable modération des habitants du Cantal, le champ de l'émeute était bien préparé, et que tous les sentiments qui sont les semences des révolutions : la défiance, les passions religieuses, les terreurs vagues, la colère des appétits non rassasiés, y avaient été soigneusement déposés et y germaient, en attendant l'occasion qui devait les faire pousser au grand jour et l'homme qui qui allait en profiter.

II

Quand, au début de cette étude, nous avons parlé de la Société populaire sans cesse occupée à stimuler le zèle des autorités, nous signalions sur l'horizon le point noir, d'abord presque imperceptible pour la masse du public et qui, grandissant peu à peu, devint le nuage épais, tout chargé de foudre, d'où devait sortir la tourmente révolutionnaire.

---

[1] Registre du comité de surveillance.

Cette Assemblée qui prit le nom de *Société Populaire des Amis de la Constitution*, s'était formée, le 20 juillet 1790, dans l'appartement du chirurgien Durat-Lassalle, maison Cambefort d'Ouradou, rue de Lacoste.[1] Dans le procès-verbal de sa première séance, elle avait tout d'abord protesté de ses bonnes intentions et de son respect des autorités, car c'était le désir des patriotes honnêtes et sincères, dont l'appoint, à cette époque encore, était nécessaire à sa formation. Mais son programme, sous une apparence modérée, était gros de menaces et contenait le germe de l'influence prépondérante qu'elle devait prendre plus tard, et dont elle devait faire parfois un pernicieux usage. « Les « Amis de la Constitution, y était-il dit, réuni- « ront leurs lumières et leurs efforts, à l'effet « de découvrir les ennemis de la Constitution, « dénoncer leurs manœuvres et s'opposer de « toutes leurs forces à leurs entreprises, comme « aussi pour se communiquer toutes les décou- « vertes utiles au bien public, et les faire par- « venir aux corps administratifs. »

---

[1] Registre des délibérations de la Société Populaire, appartenant à M. Amédée Delzons.

Peu de temps après, pour donner à ce programme toute sa signification, on établit à la porte une bouche de fer, destinée à recevoir les dénonciations, et qu'on appela plaisamment : la bouche d'or.[1] Heureux, si, par la véracité des rapports qu'elle rendit, elle s'était toujours montrée digne de son surnom ! La nouvelle Société était, on le comprend, une puissance rivale qui s'élevait en face du Gouvernement, une surveillance qui allait s'exercer à côté des corps constitués et sur les corps constitués eux-mêmes. En encourageant ouvertement la délation, c'est-à-dire la lâcheté et les basses vengeances, consciemment ou non, elle soufflait la tempête et entrait résolument dans la voie des traditions révolutionnaires ; elle devenait un instrument entre les mains des meneurs, un tremplin assuré pour les agitateurs de toutes sortes, qui, pour fomenter le désordre, ont besoin de trouver quelque part une tribune où faire entendre leur voix.

Toutefois, les gens honnêtes et éclairés y conservèrent longtemps de l'influence et purent

---

[1] Registre de la Société Populaire des Amis de la Constitution.

s'y faire écouter. C'est ainsi[1] qu'un jour ils obtinrent un vote de blâme contre un journal ignoble, qui, sous le couvert du patriotisme, déversait sa bave sur tout ce qui était respectable. Une autre fois, Delzons, magistrat intègre et cœur droit, fit entendre la voix de la justice contre Milhaud et ses amis, qui demandaient que les pensionnaires de l'Etat fussent assujettis au serment. Plus tard, c'est le médecin Delolm de Lalaubie et ce même Delzons qui s'élèvent contre la violation du secret des lettres. Le 19 avril 1791, au commencement de la Semaine-Sainte, la Société décida que la prochaine séance serait remise à huitaine, les devoirs religieux devant empêcher la majorité des membres d'y prendre part. Au mois de décembre 1790, le bruit s'était répandu qu'une conspiration avait été sur le point d'éclater à Lyon et que quelques gentilshommes du pays avaient tenté de se rendre dans cette ville. Comme cette nouvelle avait soulevé une certaine émotion, la Société, obéissant à de sages avis, décida de rassurer par une adresse les populations des campagnes :

[1] Registre de la Société Populaire des Amis de la Constitution, et résumé des séances avec commentaires contemporains, par Lakairie, chez M. Delzons.

« Qu'aucune vengeance prématurée, était-il « dit, ne devance ni ne souille une défense « légitime..... On ne manquera pas de vous « exciter à des voies de fait, à des vengeances « locales. Gardez-vous de ces conseils perni- « cieux..... Ce n'est pas sur des pierres insen- « sibles, sur des têtes peut-être innocentes que « doit tomber notre vengeance ; réservons-la « pour les coupables, et que la conviction légale « précède le glaive de la loi. »

Ces paroles d'apaisement ne faisaient pas l'affaire des exaltés et des amateurs de désordres, qui avaient hâte de récolter ce qu'ils avaient semé. Ne pouvant, à cette époque, dominer comme ils voulaient aux *Amis de la Constitution*, ils se rabattirent sur une petite Société de jeunes gens qui avaient pris naissance, en face de la Promenade, dans la salle du café de l'Ile, alors tenu par un Suisse, et qui se réunit ensuite rue des Frères, dans la maison Cellarier. [1] Ils ne tardèrent pas à s'en rendre maitres, et le nouveau Club, qui prit le nom de *Club de Surveillance*, ne se recruta plus que

[1] Registre des Amis de la Constitution, annoté par Lakairie.

des citoyens refusés à la Société Populaire. [1] Les Carrier, les Boudier et autres en étaient les orateurs les plus écoutés. Par des députations successives, ils surent si bien agir sur les membres de la grande Société et s'ingérer dans leurs affaires, que ceux-ci les admirent par lassitude, et que, dès les premiers mois de 1791, les deux clubs fusionnaient. [2] Ce fut la première victoire de la bande qui devait régner sur Aurillac pendant la Terreur.

Vers cette même époque, commença à paraître un homme qui devait jouer le premier rôle dans les événements que nous allons raconter. Singulier type que celui de ce Milhaud cadet, d'Arpajon ; tour à tour chef d'une bande de pillards, législateur, représentant en mission dans les départements du Midi, où son passage a laissé de sanglantes traces, montagnard intransigeant, puis général, acceptant un titre de comte des mains d'un de ces despotes qu'il méprisait jadis, et plus tard, au moment de la chute de l'aigle impérial, passant le premier aux alliés pour obtenir de Louis XVIII le titre

[1] Registre des Amis de la Constitution, annoté par Lakairie.

[2] Registre des Amis de la Constitution.

d'inspecteur général de la cavalerie ; enfin sous le gouvernement religieux de la Restauration, terminant paisiblement cette existence bizarre parmi les saintes occupations d'un marguillier. Du temps qu'il était cadet dans les régiments coloniaux, il signait : « Le chevalier de Fieux », [1] ressuscitant ainsi le nom qu'avait illustré, sous Louis XIV, un autre enfant d'Arpajon, le général Laparra. Mais, entre le moment où il s'arrogeait le titre de chevalier et celui où il acceptait d'être comte de l'Empire, il eut l'étrange inconséquence de vouloir anéantir dans les flammes les titres de noblesse. «Paillasse politique », disaient les honnêtes gens d'Aurillac, tandis qu'en costume de représentant il dansait la farandole sur la place, suivi de la lie du peuple, et se plaignait de ce qu'on ne se mit pas à la fenêtre pour le voir passer. [2] L'idée était juste, mais cette qualification joyeuse seyait mal à celui qui fut un homme de sang ; et si, pendant le cours varié de sa carrière, il joua constamment la comédie, il faut avouer que bien des actes de la pièce étaient plutôt d

[1] Nous avons entre les mains une lettre où il signe ainsi.

[2] *Décadaire.*

ressort de la scène tragique. Dénué de convictions, mais dévoré d'ambition, courage incontestable, intelligence supérieure, mais cœur mauvais, Milhaud fut un des plus brillants guerriers et l'une des plus vilaines figures de notre siècle.

Quand la Révolution se fut affirmée, Milhaud sentit que l'heure des audacieux avait sonné, et se prépara à jouer un rôle. Lié avec les membres du Club de Surveillance et porte-parole ordinaire des motions qui prenaient naissance au sein de cette jeunesse turbulente, il ne perdait pas une occasion de se mettre en vue. C'est lui qui prononça l'éloge funèbre de Mirabeau, dont les exemplaires furent ensuite répandus à profusion dans le pays ; dans la séance solennelle de la Société Populaire d'Aurillac, présidée par l'évêque constitutionnel Thibaut, c'est encore lui qui fut l'organe du parti avancé. Il était l'idole d'Arpajon, sa ville natale, qui l'avait placé à la tête de sa garde nationale, et l'espoir de tous les agitateurs du pays. Un journal hebdomadaire, *le Cantaliste*, le soutenait et menait une campagne nettement favorable à ses plans. Cette publication était rédigée par un esprit dévoyé, littérateur emphatique, dont la plume malsaine, après s'être essayée dans des genres bien différents, avait fini par se mettre au service des patriotes les plus exaltés.

La famille de cet homme était une des plus anciennes et des plus honorables de la vallée de Vic; et, vers cette même époque, un jeune héros, sacrifiant sa vie, à Versailles, pour protéger la Reine contre la populace furieuse, en inscrivait glorieusement le nom sur les pages de notre histoire nationale. Mais le journaliste avait renié toutes les traditions des siens et cherchait, par les gages qu'il donnait à la Révolution, à se faire pardonner une parenté compromettante. Ancien sub-délégué de l'intendant de la province, ayant appartenu par son origine et par ses fonctions à la classe des privilégiés, il tonnait avec d'autant plus de force contre les privilèges qu'il en avait profité davantage et ne les avait reniés que du jour où ils ne pouvaient plus servir de rien. C'était un Père Duchêne au petit pied avec quelques adoucissements à l'usage de la province. [1]

---

[1] M. Amédée Delzons possède un certain nombre de numéros de ce journal; nous en avons plusieurs autres; il en existe aussi dans les bibliothèques de quelques familles, où nous avons pu les consulter.

Voici, du reste, un échantillon de la prose de ce honteux journal: « Notre dernier roi, » lit-on dans le

Pas une violence qu'il n'approuvât, pas une insulte qu'il n'ait voulu avoir proféré le premier. Ce renégat, qui devait porter à la barre de l'Assemblée législative la défense des incendiaires de 1792, était bien l'homme qu'il fallait pour seconder leur chef.

Cependant Milhaud n'était pas satisfait d'Aurillac. Il avait bien dans cette commune des amis chauds, qui devaient plus tard lui prêter main-forte; mais la masse des citoyens ne semblait pas enthousiasmée par le grand homme d'Arpajon. Aussi résolut-il de transporter ailleurs le centre de ses opérations et, battu dans la ville, de régner sur les campagnes. Arpajon fut la capitale que se choisit ce nouveau chef populaire.

---

numéro qui suivit la fuite à Varennes, « le traitre « Louis XVI, désormais M. Louis Bourbon, est, au phy- « sique et au moral, un des plus gros cochons de « l'Empire, préférant le vin à la couronne. Sa femme, « Toinette Capet, est une catin, une vraie furie couronnée. « Ces deux individus, ce beau couple royal, etc. » Quand il parle des ministres de la religion, ce sont toujours « les calotins, les faux prêtres, ces boucs de l'évangile, « ces corbeaux, ces monstres en soutane, ces pasteurs « devenus loups et loups enragés, loups altérés de sang. » S'agit-il du Pape et de la Papauté, les grossièretés qu'il débite sont si mensongères et si ignobles que ce serait salir sa plume que de les rapporter.

Voulant imiter ses voisins d'Aurillac, ou plus exactement rivaliser avec eux, il créa, lui aussi, un club, auquel, pour bien affirmer son caractère campagnard, il donna le nom de *Société des Hommes de la Nature* ou des *Francs-Tenanciers.*[1] Le président de cette Assemblée était Vaurs, maire d'Arpajon; mais c'était Milhaud qui, caché sous le titre modeste de secrétaire, en était l'organisateur et l'âme. Il eut l'adresse d'y attirer les maires de presque toutes les communes du pays, et, pour amadouer les naïfs, il y fit entrer cinq ou six propriétaires des plus honorables du pays: Leygonie de Pruns et Lassalle de La Barrière, tous deux chevaliers de Saint-Louis; Salvage de Clavières, Murat-Sistrières, etc.

Cependant il ne suffisait pas à Milhaud de dominer dans un club: ce n'était là qu'un acheminement vers le but principal qu'il se proposait: centraliser entre ses mains le commandement de toutes les gardes nationales du pays, afin de s'appuyer sur une puissance armée et redoutable. Mais là encore Aurillac le gênait, car les

[1] Règlement et première séance de la Société des Hommes de la Nature; Recueil de pièces concernant la Révolution, composé par M. Laborie, avocat.

habitants de cette commune ne se souciaient guère d'une fédération qui les aurait mis sous la coupe de l'homme d'Arpajon. En outre, la garde nationale de la ville avait pour chef Saint-Martial-Drugheac, chevalier de Conros, frère du député, homme d'ordre et d'énergie, dans lequel Milhaud flairait peut-être un rival au commandement qu'il ambitionnait. Une campagne habile et ardente fut menée contre le chevalier de Conros, qu'on chercha à dégoûter par des insinuations malveillantes et des attaques continuelles. [1] Enfin, une députation des Arpajonnais, Milhaud en tête, vint un jour déclarer à la Société Populaire que leur garde nationale consentirait à fusionner avec celle d'Aurillac, lorsqu'on aurait obtenu la destitution du commandant. On invite Saint-Martial à donner sa démission; on enjoint à la municipalité d'avoir à la réclamer; on écrit à Paris; on échauffe les esprits sur cette question. Saint-Martial répond par une lettre très ferme à la Société. Sur ce, le rédacteur du *Cantaliste* propose de lui répliquer par une adresse violente qui le forcerait bien à se soumettre. Mais les amis des chevaliers de

[1] Registre de la Société Populaire et commentaires de Lakairie.

Conros étaient encore les plus forts à cette époque ; et Milhaud, abandonné par son allié et porte-parole, auquel on avait promis, paraît-il, des coups de bâton, fut vaincu, cette fois-là, [1] Mais il ne tarda pas à prendre sa revanche, et fit tant que, le 28 avril 1791, Conros fut destitué, « pour soupçon d'incivisme, comme étant gentilhomme », et remplacé par un ancien capitaine au long cours, Gourlat de La Veyrine, frère du maire d'Aurillac. [2]

Le nouveau commandant était un homme honnête et modéré, qui, sans porter autant d'ombrage à Milhaud que son prédécesseur, était cependant loin de lui être sympathique. Aussi, quand le futur conventionnel organisa la fédération des gardes nationales, d'où devait sortir sa puissance, eut-il soin de ne pas inviter celle d'Aurillac, afin d'éviter toute opposition. La réunion eut lieu le 14 juillet 1791, au camp de Griffeuille, vaste plateau entre Arpajon et Roannes. Vingt communes, Labrousse, Roussy, Lacapelle-del-Fraysse, Boisset, Vitrac, Saint-Constant, Lascelles, Saint-Simon, Saint-Paul-

---

[1] Registre de la Société Populaire et commentaires de Lakairie.

[2] Manuscrit de Gourlat, à la Bibliothèque d'Aurillac.

des-Landes, Crandelles, Ytrac, Saint-Mamet, Sansac-de-Marmiesse, Omps, Roannes et Saint-Mary, Prunet, Vézac, Giou-de-Mamou, Arpajon, s'y trouvaient rassemblés, bannières en tête, autour de l'autel de la patrie.[1] Le coup d'œil était superbe, et ce fut au milieu d'une véritable apothéose que Milhaud fut élu commandant en chef de toute la force armée des paroisses confédérées.

Fier de l'importance que ce nouveau titre lui donnait, Milhaud pensa que le moment était venu pour lui de songer à la députation, et, le 30 août suivant, il posait sa candidature pour représenter l'arrondissement d'Aurillac à l'Assemblée législative. Son concurrent était le futur baron Perret, alors officier municipal. Les citoyens modérés d'Aurillac eurent encore assez d'influence pour faire élire le candidat de leur choix, et ce fut probablement l'origine de la rancune que Milhaud conçut contre une partie des habitants de cette ville et qu'il devait assouvir l'année suivante.

---

1 Procès-verbal de la réunion, avec les signatures, parmi lesquelles on remarque celle de Peytavi, maire de Naucelles, bien que cette commune ne soit pas nommée dans le procès-verbal.

Vis-à-vis de cet insuccès, il dut sans doute se dire qu'un coup de force est encore le meilleur moyen de réussir : et il est permis de penser que, dès ce moment, il dressait ses batteries en vue d'une occasion prochaine. Fanatiser les populations, s'imposer par la crainte et le prestige de l'audace, compromettre les électeurs des campagnes en les entraînant à sa suite dans la voie du crime, de façon à creuser un fossé infranchissable entre eux et le parti modéré, à devenir leur homme et à faire d'eux sa chose : tel est le plan qu'il devait exécuter six mois après et que peut-être il méditait déjà.

Dans ces intentions, il commença par s'assurer la bienveillance du président du tribunal criminel [1] ; et, lorsqu'après la séparation de l'Assemblée constituante, le 30 septembre, les deux députés d'Aurillac parurent pour la première fois à la Société Populaire, Milhaud, laissant les naïfs comparer Armand à Mucius Scévola, ne s'adressa qu'à Hébrard, que lui et ses amis eurent l'influence de faire proclamer président.

[1] Hébrard venait d'être pourvu de ces fonctions par le corps électoral du Cantal, après que la Constituante eut déclaré qu'aucun de ses membres ne pourrait faire partie de la nouvelle Assemblée.

Voici en quels termes il le complimentait, au nom du club d'Arpajon : « Députés par la Société « des Amis de la Constitution, nous venons au « milieu de nos frères citadins, vous présenter « le tribut de reconnaissance que, malgré vos « jaloux calomniateurs, vous avez si bien mérité, « à l'Assemblée nationale. Oui, Monsieur, vous « êtes celui des représentants du Cantal qui « devez être le plus cher à notre département, « et surtout au district d'Aurillac. Je puis l'at- « tester, puisque, au temple de la patrie, j'ai « été le spectateur de vos travaux, et qu'aujour- « d'hui la voix publique de cette ville vous « proclame son bienfaiteur. Il est bien doux, « pour de vrais enfants de la liberté, d'avoir « pour président un de ses fondateurs ; mais il « est encore bien plus glorieux, pour les cités, « d'avoir donné le jour et d'offrir une retraite « honorable aux premiers créateurs d'une Cons- « titution populaire, et d'être ainsi le foyer des « lumières et du patriotisme. » Les deux hommes qui allaient avoir une si funeste influence sur la Révolution dans le Cantal s'étaient donc reconnus et savaient s'apprécier. Peut-être cimentaient-ils alors une union qui, quelques mois après, devait avoir de sanglants résultats : c'est du moins ce dont la voix publique les accusa plus tard. Du reste, il y a dans ce discours un passage qui pourrait autoriser ces suppositions : « Avec quel transport, y était-il dit, avec « quelle confiance les simples habitants des « champs viendront-ils se rallier dans vos murs, « lorsqu'il s'agira de se renforcer contre nos « ennemis communs. » Ces mots, qui contenaient en quelque sorte le programme des événements du 12 mars, doivent-ils être entendus comme une phrase prophétique et à double sens, que seul pouvait comprendre Hébrard, mis au fait des projets de Milhaud ? Nous n'oserions l'affirmer, bien qu'après le 9 thermidor, François Colinet de Niocel [1] ait accusé formellement ces deux hommes de complicité, assurant que la mort de son père avait été décidée dans la maison même d'Hébrard. Sans doute, par la conduite qu'il tint peu de temps après, lors du procès des incendiaires, le président du tribunal fit bien voir qu'il avait été sensible aux compliments de leur chef et qu'en retour il leur accordait toute sa protection ; sans doute, on peut admettre qu'il ait conçu un violent ressentiment contre M. de Niocel, parce que celui-ci, en sa qualité de lieutenant-criminel, ávait jadis requis

---

[1] *Décadaire.*

une condamnation contre lui. [1] Mais de là à se souiller lâchement de l'assassinat d'un vieillard, il y a loin encore; et nous ne pouvons nous empêcher de remarquer que cette accusation fut principalement dirigée contre Hébrard, au moment où il était la bête noire des Thermidoriens et le bouc émissaire qu'on chargeait de tous les crimes. Appartenant par lui-même et par ses alliances aux familles les plus anciennes et les plus considérées d'Aurillac, Hébrard, dont la femme se faisait appeler Mme du Fau, n'avait rien du jacobin farouche et altéré de sang; c'était un homme de belle prestance, très soigné dans sa mise, avec beaucoup de talent et encore plus d'esprit, des manières agréables et une réputation de galanterie, sentant fort son homme du monde, nous dirons presque *son aristocrate* (j'en demande pardon à la mémoire du futur terroriste), si nous nous en rapportons au superbe cachet armorié, surmonté d'une couronne de comte, que nous avons remarqué sur plusieurs de ses lettres. [2] Malheureusement, sous ces

---

[1] Réponse à Hébrard.

[2] L'une d'elles, fort curieuse, se trouve dans les archives de la municipalité de Salers. Hébrard y parle déjà du besoin d'argent qui devait le perdre plus tard.

dehors séduisants, se cachait une nature vicieuse, tourmentée par des instincts de débauche et par la passion du jeu. Au train qu'il menait, il eut bien vite fait de dévorer son patrimoine, et le besoin d'argent, qui avait poussé César à franchir le Rubicon, le précipita dans le torrent révolutionnaire. Mais, en faveur des qualités brillantes qu'il possédait, nous aimerions à pouvoir reculer d'un an encore l'époque où commencèrent les crimes qui lui ont valu une si triste célébrité, et qui semblent justifier les soupçons portés sur sa culpabilité dans l'assassinat de M. de Niocel.

Milhaud attendit jusqu'au 11 mars l'occasion qu'il cherchait ; mais, ce jour-là, toutes ses précautions étaient prises. Car le petit groupe d'amis dévoués qu'il comptait dans Aurillac lui assurait des intelligences dans la place, [1] et avait même organisé une conspiration dans le but de lui prêter main-forte. On en eut une preuve indéniable, lorsque l'on constata que les fusils de la garde nationale citadine avaient été encloués, pour que celle-ci ne pût s'opposer à l'invasion des paysans. [2]

---

[1] Correspondance du notaire Traynier.

[2] Manuscrit de Gourlat.

Donc, le 11 mars au matin, le district avait convoqué au chef-lieu toutes les paroisses du canton, pour dresser la liste des volontaires; et la ville était pleine d'étrangers armés. Les opérations eurent lieu dans l'ancien réfectoire des Carmes, vaste salle voûtée, où la Société Populaire tenait ses séances, depuis l'expulsion des religieux. Là, au milieu de cette foule d'hommes, déjà émus par les libations matinales, Milhaud se leva et prononça un discours violent et enflammé, dont les mémoires et les lettres du temps nous ont conservé le souvenir, [1] S'adressant d'abord aux diverses gardes nationales dont il s'était fait élire le chef, puis à l'assistance tout entière, il leur expliquait que leurs pires ennemis n'étaient pas au dehors, et terminait en demandant « vengeance contre tous ceux qui ne sont pas patriotes ». [2]

Les jeunes gens, électrisés par ces paroles, en prêtant serment à la patrie, jurèrent en outre « d'exterminer le premier aristocrate qui maltraiterait un patriote », et les gardes nationales de Jussac, de Marmanhac et d'Yolet, qui

---

1 Réponse de François Colinet à Milhaud ; lettres de Traynier et de Loussert, de Vic.

2 Archives nationales, F. 7.

n'avaient pas pris part à la fédération du 14 juillet, déclarèrent vouloir se ranger sous le commandement de l'orateur [1]

Les esprits, on le voit, étaient bien préparés. Aussi, lorsqu'après la dissolution de l'assemblée, les assistants se furent répandus dans les cabarets, la fermentation augmenta graduellement, au milieu de l'échauffement du vin et des conversations, tandis que les agents de Milhaud, passant dans certains groupes, parlaient des aristocrates d'Aurillac et désignaient mystérieusement quelques maisons suspectes : celle de M. de Niocel, celle du conseiller Capelle de Clavières, du directeur des postes et d'autres encore. [2] M. Colinet de Niocel, [3] vieillard de 70 ans, remplacé alors dans ses fonctions par Delzort de La Barthe, beau-frère du président Hébrard, avait paru aux meneurs une proie particulièrement facile, parce qu'il était peu populaire. Pendant le cours de sa longue ma-

---

[1] Lettre de Labro, procureur, à l'abbé Planche.

[2] Lettre de Labro, procureur, et lettre de Traynier.

[3] La vieille famille des Colinet, qui portait alternativement les noms de Niocel et de Labeau, est aujourd'hui représentée par les enfants du regretté colonel de Labeau et par le frère de celui-ci.

gistrature, il avait dû prononcer et faire exécuter les arrêts rigoureux de la justice, et je ne sais quel sombre renom s'était attaché à sa personne : car, dans l'esprit du peuple ignorant, habitué à le voir, depuis plus de 30 ans, présider aux exécutions capitales, il apparaissait comme l'instigateur des peines les plus sévères.

Milhaud et ceux de sa bande avaient aussi des sujets de ressentiment contre le vieux magistrat, qui, jadis, avait dû faire condamner un de leurs parents et amis au fouet, à la marque et aux galères. [1] Dailleurs, c'est un fait constaté qu'au début de toutes les Révolutions, le peuple, égaré, s'en prend d'abord à ceux qui sont chargés de maintenir l'ordre dans la société. Enfin, pour achever d'exciter l'esprit public contre M. de Niocel, on avait répandu le bruit que deux de ses fils, engagés dans l'ordre de Malte, étaient allés rejoindre les princes en émigration. [2]

Dans l'après-midi, [3] des bandes nombreuses de jeunes gens, la tête échauffée, se mirent à danser la farandole à travers les rues de la ville,

---

1 François Colinet, réponse à Hébrard.

2 François Colinet, réponse à Milhaud.

3 Une partie de ce récit est empruntée au manuscrit de Gourlat.

précédés des tambours de leurs gardes nationales. En passant rue du Consulat, devant la maison de M. de Niocel [1] et devant celle du conseiller Capelle de Clavières, rue du Prince, ils cassèrent les contrevents et les vitres du rez-de-chaussée. Tel est du moins le récit donné par le manuscrit de Gourlat; [2] mais une lettre adressée à Paris, à l'abbé Planche, [3] parle en outre de portes enfoncées et d'un commencement de pillage. Quoi qu'il en soit, il ne se passa rien de bien grave ce jour-là, malgré un second assaut qui fut donné dans la soirée [4] et qui décida M. de Niocel à chercher un refuge, avec sa famille, chez des voisins. Pendant la nuit, une troupe de jeunes volontaires recommencèrent à faire du tapage, comme c'est encore aujourd'hui l'habitude de nos conscrits, et s'en vinrent chanter le *Ça ira* devant la maison de la rue du Consulat. C'est alors

---

[1] C'est aujourd'hui la maison Bastid, d'Arpajon, où se trouvait, il y a quelques années, l'hôtel de la Poste.

[2] Il est bon de remarquer que Gourlat, dans son manuscrit, a une tendance à pallier toute chose. Son récit est d'une sécheresse absolue de sentiment.

[3] Labro, procureur.

[4] François Colinet. Réponse à Milhaud : « La maison « était assaillie et forcée pour la troisième fois. »

que, de dessous les toits, on leur jeta des bûches, des outils, une pierre à aiguiser, et qu'on leur tira même deux coups de pistolet, dont personne, du reste, ne fut atteint. On n'a jamais su à qui on devait attribuer cette agression, ou, pour parler plus justement, cette tentative de défense. Hébrard, dans sa « réponse aux honnêtes citoyens », prétend que l'auteur était un perruquier nommé Najac, commensal de M. de Niocel et qui était commis à la garde de la maison. Au contraire, François Colinet affirme, en offrant d'en faire la preuve, que les coups de feu avaient été tirés par un espion de Milhaud, aposté pour fournir un prétexte aux assassins. D'ailleurs, il était bien naturel que des gens, affolés par deux attaques successives dans la même journée et voyant accourir pendant la nuit une troisième bande, songeassent à opposer quelque résistance ou tout au moins à intimider les assaillants par une démonstration de vigueur. Car il est bon de remarquer, dans l'une au l'autre hypothèse, que le pistolet, probablement dirigé en l'air, ne blessa personne. Mais comment parler raison à des écervelés, ivres pour la plupart, et à des forcenés qui, de parti pris, ne voulaient rien entendre? Cet incident sans conséquence fut l'arrêt de mort du vieux magistrat.

Dès le lendemain matin, les jeunes gens portèrent plainte à la municipalité et demandèrent justice. Mais déjà les meneurs avaient parlé au peuple et échauffé les esprits. Aussi, quand les officiers municipaux envoyèrent des hommes pour chercher M. de Niocel, la rue du Consulat était remplie d'une foule de gens qui se répandait en vociférations et en menaces. L'infortuné vieillard s'était réfugié chez son voisin, le notaire Delsuc. Bientôt découvert, il fut emmené, au milieu de cris de mort, à la maison commune où la municipalité, moins pour l'interroger que pour lui fournir un asile contre les furieux qui demandaient sa tête, le retint en prison.

Cependant les agitateurs, ne se sentant pas suffisamment soutenus dans Aurillac, s'étaient répandus dans la campagne. A Arpajon, à Vézac, à Ytrac, ils allaient, répétant qu'en ville « on maltraitait les patriotes, et qu'il fallait aller les venger ». A la voix du tocsin, six ou sept cents hommes se réunissent à Arpajon.

La municipalité d'Aurillac, [1] prévenue de ce rassemblement, députe au Directoire du département, pour le prier de prendre des mesures

[1] Séances du Directoire; Conseil général du département.

protectrices. Celui-ci, considérant qu'aucune garde nationale n'a le droit de sortir de son territoire sans une réquisition de l'autorité civile, arrête d'envoyer aux milices campagnardes la défense formelle d'envahir le sol de la commune d'Aurillac. Les deux commissaires, MM. Marmontel et Lamouroux, arrivèrent à deux heures et demie sur la place publique d'Arpajon, où ils se trouvèrent en présence d'un rassemblement considérable, commandé par Milhaud et prêt à partir.

Aussitôt ils mandèrent celui-ci dans la maison commune, lui lurent l'arrêté du district et lui enjoignirent de dissoudre sa troupe. Milhaud, pour ne pas se compromettre sans retour, se déclara prêt à obtempérer aux injonctions des commissaires, et joua, sous leurs yeux, une de ces comédies qui ne furent que trop fréquemment renouvelées, dans ces temps troublés, et dont nous avons recueilli la tradition des bouches les plus autorisées. Tandis qu'il adressait à la foule des paroles d'apaisement, ses fidèles passaient dans les groupes, expliquant que le commandant était contraint par l'administration de leur tenir ce langage, mais qu'il ne demandait pas mieux qu'on lui forçât la main, et que d'ailleurs la sécurité publique exigeait qu'on marchât sur Aurillac. Ils firent si bien que la grande majorité de ces bandes déclarèrent ne pouvoir, en cette circonstance, obéir à leur chef, et lui procurèrent ainsi l'affront qu'il souhaitait pour couvrir une partie de sa responsabilité. Aussitôt Milhaud revint auprès des commissaires, leur peignit l'état des esprits et leur dit de tenter eux-mêmes une conciliation qu'il n'avait pu obtenir ; pour lui, il allait se retirer immédiatement en un lieu secret, afin de ne pas être mêlé aux événements qui pourraient survenir. Nous laissons à penser le peu d'effet que produisirent les exhortations des commissaires d'Aurillac sur cette population surexcitée, qui leur répondait par des cris de vengeance et qui n'attendait plus que son chef pour se mettre en marche. Celui-ci, comme il l'avait annoncé, s'était caché, de façon à donner le change sur ses intentions, mais pas assez bien toutefois pour qu'on ne le découvrît facilement. Aussi lorsque, quelques instants après, on l'eut retrouvé dans la maison du maire, satisfait de cette *simagrée* qui sauvait les apparences, il se laissa faire violence le mieux du monde et se mit résolument à la tête des émeutiers. Moins d'une heure après, il rangeait sa troupe en bataille sur la grande place d'Aurillac.

Pour comprendre comment le peuple des campagnes pénétrait en ville avec une telle facilité, il est bon de remarquer que la municipalité, malgré le courage personnel dont plusieurs de ses membres firent preuve dans cette triste journée, ne se montra pas à la hauteur de sa tâche et mérita un blâme sévère du Gouvernement.[1] Avec cette confiance imprudente qui n'est que trop souvent le fait des honnêtes gens, elle s'imagina pouvoir contenir par des représentations légales des bandes qui ne vivaient que de l'illégalité, et repousser par l'ascendant de deux bons bourgeois l'assaut de sept cents forcenés. Quand elle songea à convoquer sa garde nationale, il était trop tard, et les envahisseurs étaient déjà maîtres du terrain.

Cependant les émeutiers, après avoir réclamé à grands cris la tête de M. de Niocel, se précipitèrent vers la prison, enfoncèrent les portes et arrachèrent le malheureux, qu'ils traînèrent sur la place en l'accablant de coups. A ce moment, un groupe de citoyens honnêtes et courageux, ayant avec eux le fils de la victime, réussirent à dégager le vieux magistrat des mains

---

1 Séances de la Société Populaire et notes de Lakairie.

de ses bourreaux et le firent entrer dans l'hôtel de ville, dont les portes se refermèrent sur lui. Mais, tandis que les amis de la famille de Niocel étaient occupés à défendre le jeune homme, contre lequel se tournait la fureur de la foule, une partie des Arpajonnais attaquaient à coups de hache les portes de la maison commune. Du haut des fenêtres, les officiers municipaux, sous la menace des fusils braqués contre eux et malgré le sifflement de quelques balles, tentent en vain de parlementer avec la foule ; la maison est envahie et fouillée dans ses moindres recoins. Découvert dans les combles, sous des tas de fagots, par un homme qu'il reconnaît, M. de Niocel offre à celui-ci sa montre en or pour prix de son silence. Le misérable accepte, et court appeler ses camarades. Du sommet des greniers, l'infortuné est traîné par les pieds jusque sur la place, sa tête frappant sur chaque degré de l'escalier, tandis que la multitude, dont ce supplice ne calme pas la rage, continue à réclamer sa mort. Lentement, un forgeron d'Arpajon, nommé Pers, lui tranche le cou à l'aide d'une serpette. Puis, la tête sanglante est hissée au bout d'une fourche, et, sous ce triste trophée, la foule aperçoit Milhaud serrant la main des assassins.[1] Le même homme qui a découvert la cachette de M. de Niocel propose de promener sa tête à travers les rues d'Aurillac; la bande le suit, et Milhaud est encore au premier rang.[2] Enfin, la nuit venue, les campagnards quittent la ville, en abandonnant, à la porte des Frères, les restes de leur victime.

La journée était bonne pour Milhaud: car elle jetait dans ses bras un millier de paysans dévoyés et affolés, et les attachait désormais à son char par les liens si forts que crée entre les hommes la participation à un crime commun. Mais, pour que son influence fût établie aux quatre coins de l'arrondissement, il fallait que les communes rurales eussent, comme le chef-lieu, leurs scènes de meurtre et de pillage.

En quittant Aurillac, ce nouveau chef de routiers emmena tous ses hommes à Arpajon et leur persuada de ne pas rentrer dans leurs communes respectives avant d'avoir achevé l'œuvre de la vengeance populaire. Le discours

---

[1] Réponse de François Colinet; lettres de Baduel, homme d'affaires à Vic.

[2] Réponse de François Colinet; lettres de Baduel, homme d'affaires à Vic.

qui fut prononcé, quelque temps après, pour sa défense, à la barre de l'Assemblée législative, [1] nous donne une idée des raisons qu'il développait devant le peuple pour échauffer les esprits.

Plusieurs fois déjà, disait-il, le sang avait coulé dans le district d'Aurillac, et les nobles, joints aux prêtres insermentés, en étaient seuls la cause. Trois patriotes avaient été tués à Sénezergues ; à Ladinhac, on avait massacré le commandant patriote de la garde nationale ; à Boisset, c'était le curé constitutionnel qui avait essuyé un coup de feu, le jour de Noël, pendant qu'il célébrait la messe de minuit. Tout le canton de Pleaux était fanatisé ; la ville de Salers venait de chasser son pasteur citoyen. Des lettres, écrites de Clermont, annonçaient l'aveu, échappé à un aristocrate d'Aurillac, qu'on devait arborer sous peu, dans cette ville, la cocarde blanche, en même temps qu'on massacrerait 45 patriotes, dont on donnait la liste. Un autre aristocrate avait proféré, à Aurillac même, des menaces relatives à cet exécrable complot: « la guerre civile enfin, avec toutes ses horreurs,

---

[1] Archives de l'Hôtel de Ville d'Aurillac.

était à leur porte. Une impunité monstrueuse couvrait tous ces crimes. »[1]

En matière de conclusion, Milhaud et ses amis annonçaient qu'il était venu de Paris l'ordre de détruire les châteaux, « afin que les nobles ne pussent s'en faire des forteresses pour résister aux lois. » D'ailleurs, « les prêtres et les ci-devant nobles » n'étaient pas seuls voués à la vengeance populaire ; il était en outre recommandé de courir sus « à tous ceux qui étaient soupçonnés d'être leurs partisans, ou qui n'assistaient pas à la messe du curé constitutionnel. »[2] On voit que la marge était grande : aussi, grâce à cette sorte de supplément à la liste de proscription, bien des citoyens inoffensifs et bien des pauvres gens furent,

---

[1] Les troubles survenus dans le canton de Montsalvy, à Boisset, à Pleaux, à Salers, avaient été occasionnés par la résistance bien légitime des paysans, auxquels on voulait imposer des pasteurs constitutionnels qui ne leur convenaient pas. Quant à la prétendue conspiration d'Aurillac, c'était une de ces inventions meurtrières, un de ces épouvantails dont on se servit si souvent, pendant la Révolution, pour soulever le peuple et légitimer des proscriptions. S'il y eut une impunité monstrueuse, ce fut celle qui couvrit Milhaud et sa bande, dont les forfaits étaient patents et indéniables.

[2] Archives nationales, F. 7. 3.202, procès-verbaux et lettres.

pour les besoins d'une cause peu avouable, confondus avec les aristocrates, devenus *taillables* à merci.

Les envahisseurs d'Aurillac n'avaient plus besoin de longues exhortations pour se décider à poursuivre leur sinistre besogne. Pendant deux jours, une fermentation extraordinaire régna sur tout le territoire de la commune d'Arpajon. C'était un va et vient continuel de troupes armées, des attroupements devant les maisons déclarées suspectes, des harangues débitées sur un ton emphatique et véhément par des orateurs de carrefour; puis, après le coucher du soleil, des conciliabules mystérieux dans les cabarets et dans certaines maisons isolées. [1] Soudain, le troisième jour, le feu éclate en deux endroits différents, au château de Conros, demeure de ce chevalier de Saint-Martial auquel Milhaud avait eu tant de peine à faire enlever le commandement de la garde nationale d'Aurillac. A ce signal, une bande se précipite dans le château, qui n'échappe à l'incendie qu'au prix du pillage et de la dévastation. [2] Pendant

---

[1] Archives nationales, F. 7. 3.202, procès-verbaux et lettre de Loussert, procureur fiscal.

[2] Procès-verbal des séances du district.

ce temps, une seconde bande menace le château de Caillac, dans la paroisse de Vézac, où habite la famille de Beauclair. Affolée, la châtelaine s'enfuit dans la montagne, en emportant son jeune fils, qui ne marche pas encore. Avec cette énergie spéciale que donnent la terreur et le dévouement maternel, elle parvient jusqu'à Clermont, après mille fatigues ; mais, durant le trajet, le pauvre petit être était mort entre ses bras. [1]

Ce jour-là encore, un attroupement considérable s'étant formé autour du château de Velzic, qui appartenait à la marquise de Fontanges, la municipalité de Lascelles y établit une garde pour le protéger. C'était introduire le loup dans la bergerie. Pendant quinze jours, ces bons apôtres festoyèrent abondamment aux dépens de la propriétaire, déclarant ne pas vouloir s'en aller, à moins qu'on ne leur payât une contribution de 12,000 livres. Il fallut que le Directoire d'Aurillac envoyât 150 hommes de la garde nationale et de nombreuses brigades de gendarmerie pour les déloger. [2]

Pendant cette même semaine, les communes de Saint-Simon et de Giou sont parcourues en

---

[1] Taine, *Origines de la France contemporaine.*

[2] Séance du Conseil général du 8 avril.

tous sens par leurs propres gardes nationales, unies aux Arpajonnais : car on se souvient que ces deux paroisses faisaient partie de la fameuse fédération. Les citoyens riches sont menacés et leurs demeures envahies. Des exactions monstrueuses se commettent au nom de la loi ; car on force les magistrats municipaux à lever eux-mêmes des contributions sur des personnes paisibles. [1] A Giou, la municipalité essaya en vain d'opposer quelque résistance. Le 16, [2] raconte un procès-verbal, les conseillers, entendant sonner le tocsin, accoururent sur la place, où ils trouvèrent un rassemblement énorme, que le maire cherchait à dissiper. Les exhortations étant inutiles, ils prévinrent la foule qu'« à leur grand regret », ils allaient être obligés de publier la loi martiale. Mais « il n'y eut qu'un cri pour leur dire de bien s'en garder »; que, s'ils le faisaient, « il leur en coûterait cher. » Enfin, « après de vives menaces », le peuple leur dit de se retirer « et bien vite, et de ne pas s'aviser de dresser procès-verbal de la ronde qu'on faisait sur leur territoire. » Sur ce, la municipalité « voyant sa vie en danger », jugea

---

[1] Déclaration du maire de Saint-Simon au Conseil général du département.

[2] Archives nationales, F. 7, 3.202.

prudent d'obéir, et abandonna le champ de bataille aux émeutiers.

Mais les Arpajonnais et leurs voisins étaient déjà las de chasser sur leur propre terrain et désireux d'étendre le cercle de leurs opérations. Aussitôt Milhaud se mit à leur tête [1] et les conduisit à Montsalvy. Leur convoitise était allumée par la perspective de piller l'ancien chapitre de cette ville, dont les biens n'avaient pas encore été vendus nationalement et qui passait pour être fort riche, grâce à la bonne administration de son dernier prévôt, l'abbé de Méallet de Faulat. [2] Ce fut, pendant une nuit et un jour, une orgie effroyable, digne des saturnales antiques : car, comme bien l'on pense, le chapitre n'eut pas seul à souffrir de cette visite de pillards, et le procès-verbal rapporte qu'on but plus de soixante barriques de vin.

Le plan de Milhaud était de frapper tout d'abord un grand coup dans le canton de Montsalvy, qui s'était jusque-là montré peu disposé à adopter les idées nouvelles. En effet, aucune commune de ce canton, excepté Lacapelle-del-Fraysse, n'avait voulu entrer dans la fédération

---

[1] Manuscrit de Gourlat et autres.

[2] C'est le même qui fut guillotiné à Figeac, en habits sacerdotaux, deux mois après la chute de Robespierre.

des gardes nationales, et toute la région était un foyer de résistance à la constitution civile du clergé.

Le commandant (c'est ainsi que l'on désignait alors le futur général de l'Empire) établit son quartier général à La Feuillade, sur le territoire de Lacapelle-del-Fraysse. Il était entouré de la garde nationale de cette commune, de celles d'Arpajon, Jussac, Reilhac, Marmanhac, Vézac, Prunet, Labrousse, Roannes, Lacapelle-en-Vézie et d'autres encore, [1] de toutes celles, en un mot, qui s'étaient attachées à sa fortune. Une fois installé en ce lieu, il commença à mander successivement les gardes nationales des paroisses non ralliées, sous prétexte de conférer avec elles pour le maintien du bien public [2]. Quelques-unes d'entre elles, abusées par l'air d'autorité avec lequel des ordres leur étaient transmis, ou entraînés par l'ascendant d'un homme exalté [3], se rendirent à cette convocation. Aussitôt leur arrivée, on les entourait,

---

[1] Procès-verbal des officiers municipaux de Ladinhac. Archives nationales, F. 7.

[2] Procès-verbal des officiers municipaux de Ladinhac. Archives nationales, F. 7.

[3] Comme il arriva à Ladinhac.

on se rendait compte des dispositions de chacun de leurs membres ; puis, après les avoir soigneusement endoctrinés, on requérait d'elles un serment, que ces petites phalanges, perdues dans une masse de sectaires, n'osaient refuser. C'est ainsi [1] que, le 19, les gardes nationales de Ladinhac et de Leucamp, ayant été convoquées de cette façon, reçurent du commandant l'ordre de se rendre, avec celle de Labrousse, chez le chirurgien Delmas, chez le sieur Versapuech, puis aux châteaux de Ladinhac et de Montlogis, afin d'y réquisitionner des aliments : ce qui, pour des oreilles exercées, signifiait pillage et tout ce qui s'ensuit. Mais la troupe en question était trop novice dans la matière pour saisir aussi bien que les autres le sens caché de ces paroles : elle se contenta donc d'exécuter ponctuellement les ordres qu'elle avait reçus. Ce que voyant, les chefs du mouvement arrivèrent eux-mêmes le lendemain du camp de La Feuillade, avec une bande d'hommes à leur dévotion, « pour ainsi dire, une troupe de brigands », qui forcèrent le château de Ladinhac, le dévastèrent de la cave au grenier, ainsi que plusieurs autres maisons, et « donnèrent au public une

[1] Municipalité de Ladinhac, 2 procès-verbaux.

grande allarme et pillation» *(sic)*. Puis, la horde tout entière se dirigea sur le château de Montlogis, dont les propriétaires, les Chaunac-Lanzac, n'eurent que le temps de s'enfuir, emportant deux petits enfants dans deux paniers, sur une ânesse. Quand le vieux manoir eut été dépouillé de tous les meubles et effets qu'il contenait, « le commandant de la garde nationale d'Arpajon »[1] donna l'ordre d'y mettre le feu et de se retirer. Mais l'incendie, mal allumé, s'éteignit sans achever son œuvre, et le château allait, comme par miracle, échapper à une destruction certaine, lorsqu'un aimable voisin courut avertir la bande, qui était déjà loin. Celle-ci revint sur ses pas, et ne s'éloigna, cette fois, « qu'après que tout eut été consommé. »

Quelques heures plus tard, les flammes dévoraient le château de Labesserette, qu'elles transformaient en un monceau de ruines. Pourtant, si une habitation avait dû être respectée, c'était bien celle de M. d'Humières, vieil officier de quatre-vingts ans, qui n'avait pas émigré et dont toute la vie s'était écoulée au service de son pays. Mais quelles considérations pouvaient arrêter une foule abandonnée à ses instincts de

---

1 Texte du procès-verbal.

bête féroce et qui, saisie d'une sorte de fièvre de destruction, répondait à la dernière étincelle jaillissant des ruines de Labesserette par l'incendie de la forteresse de Senezergues. Des hauteurs de Lacapelle-del-Fraysse, Milhaud et ses amis pouvaient applaudir à leur œuvre, en contemplant les lueurs de ce qu'ils appelaient plaisamment entre eux les illuminations arpajonnaises.

Depuis deux jours, [1] le château de Sénezergues recevait la visite de détachements armés, que Milhaud y envoyait, avec ordre d'y festoyer. [2] Les premiers arrivants, paisibles gardes nationaux de la commune, se contentèrent de visiter les caves et de se griser abominablement. Survinrent après eux des étrangers, venus, pour la plupart, des paroisses voisines, armés de fourches et de haches, qui intimèrent aux premiers l'ordre de leur céder la place. Puis, voyant que ceux-ci étaient totalement abrutis par une orgie de deux jours et deux nuits, ils se mirent sans plus de scrupule à déménager les meubles et les effets du château. Pendant qu'ils

---

[1] Déposition de Jean Mondonet, fermier du château, devant le Directoire du département.

[2] Ordre donné en présence du curé constitutionnel Lagrange.

étaient occupés à cette agréable besogne, la bande qui venait d'incendier Labesserette fit à son tour son apparition. En vain, les gens de la maison offrirent une forte somme en assignats pour obtenir qu'on épargnât au moins les bâtiments; en vain, pour tâcher de gagner du temps, ils promirent de faire monter sur le toit un couvreur, qui enlèverait les girouettes: on leur répondit qu'on désirait aller plus vite en besogne; et le maire, affolé par les menaces, refusa son intervention. Alors, tandis que des citoyens courageux [1] conjuraient la foule de ne pas commettre un nouveau crime, deux misérables montèrent au dernier étage de l'habitation et, là, au moyen de la batterie de leurs fusils, ils mirent le feu à une quantité d'étoupes qu'ils placèrent dans la paillasse d'un lit. L'incendie, se communiquant avec une rapidité imprévue, envahit bientôt la toiture tout entière pendant qu'en bas on parlementait encore. Les quatre hautes tours qui flanquaient le corps de logis apparurent soudain avec un panache de flammes et, comme des torchères énormes, éclairèrent une scène d'une inoubliable horreur. La foule,

---

[1] L'abbé Puech, du Martrou; son frère; Mas, de Lafont; Plantecoste, del Mas.

surprise par cette crainte de destruction imminente avant que sa cupidité ne fût assouvie, se rua au pillage du colosse, disputant une proie aux flammes et jetant les meubles par les fenêtres. C'était, dans la cour, une course affolée de gens emportant leur part de butin, un mélange effrayant de cris d'hommes et d'animaux : car les paroisses voisines étaient accourues avec des chars à vaches et déménageaient les greniers à blé. Enfin, pour compléter ce spectacle sauvage, on vit tout à coup se balancer, au-dessus de la porte d'entrée, le corps d'un des domestiques de M. du Barra, que la foule pendait pour le punir de son dévouement. [1]

Autour de ce sinistre feu de joie, toutes les forces de la Jacquerie s'étaient rassemblées. Le lendemain, elles se divisèrent en trois bandes : la première retourna à Ladinhac, où elle pilla l'habitation de M. de Boissieux et démolit deux tours. [2] La seconde prit la direction de Lacapelle-del-Fraysse, pour s'attaquer au château de La

---

[1] Le fait qui nous a été souvent raconté, n'est cependant pas consigné dans la déposition de Jean Mondonet.

[2] Procès-verbal de la municipalité. Archives nationales, F. 7.

Rodde, appartenant à M. de Lacarrière-Comblat. La dernière, enfin, se dirigea sur La Motte, où demeurait le baron de Bonafos, un glorieux mutilé de la guerre d'Amérique; mais elle fut arrêtée en route par la garde nationale de Mourjou qui, armée jusqu'aux dents, vint lui déclarer qu'elle n'avait besoin de personne pour faire exécuter les lois sur son territoire. Intimidée par cette démonstration d'énergie, la bande tourna les talons et prit la direction de Leynhac. En route, elle trouva la municipalité de cette commune occupée à morigéner quelques individus qui voulaient abattre les girouettes du château de Longuevergne et s'étaient même livrés à un commencement de pillage discret. Ce fut, pour les Arpajonnais, une belle occasion de se venger de leur échec de Mourjou. Traitant « d'imbéciles et de peureux » ceux qui s'étaient laissés fléchir par les représentations de la municipalité de Leynhac, ils chassèrent celle-ci et renouvelèrent une de ces scènes de dévastation dont ils étaient coutumiers depuis quelques jours. [1]

---

[1] Procès-verbal de la municipalité de Leynhac. Archives nationales, F. 7.

Cependant la commune de Marcolès [1] apprenant que des étrangers pillaient La Rodde et voulaient ensuite faire une incursion sur son territoire, députa vers ceux-ci les sieurs Miquel, maire, Falissard et Devez, officiers municipaux, et Courbaize, conseiller général, pour les détourner de leur dessein. Les envoyés trouvèrent la maison de La Rodde entièrement saccagée [2] et eurent grand'peine à empêcher qu'on y mît le feu. Ils obtinrent cependant cet adoucissement, à la condition expresse qu'ils feraient démolir par leur garde nationale tous les logis nobles que leur paroisse renfermait. Comme ces injonctions étaient accompagnées de menaces, la municipalité crut devoir envoyer des couvreurs pour découronner avec précaution les châteaux du Poux et de Faulat ; mais, vers le soir, un groupe nombreux d'Arpajonnais survint pour constater si on obéissait à leurs ordres. Comme de coutume, ils voulurent mettre eux-mêmes la main à l'œuvre, et les dégâts furent considérables.

---

1 Procès-verbal de la municipalité de Marcolès. Archives nationales, F. 7.

2 « M. de Lacarrière se plaint qu'on lui ai fait à La Rodde, pour plus de 60 mille livres de dégâts. » Lettre de Baduel, de Vic (avril 92).

Il est intéressant de remarquer que les choses se passaient presque toujours correctement, lorsque les municipalités étaient abandonnées à elles-mêmes, et que le désordre était généralement provoqué par l'invasion des étrangers. Ainsi les officiers municipaux de Vitrac avaient été sollicités, à deux reprises différentes, par des lettres de Milhaud, qui, malgré l'arrêté contraire du département, leur écrivait de procéder à la démolition du château de Fargues. [1] Mais cette commune mettait peu d'empressement à exécuter de tels ordres, parce que les seigneurs de Fargues étaient aimés dans la contrée et que la châtelaine, notamment, distribuait des vêtements aux pauvres et s'employait avec un dévouement admirable à soigner les malades. [2] Cependant, [3] le lendemain des événements que nous venons de raconter, la municipalité crut prudent de suivre l'exemple de ses voisines. Après avoir convoqué la garde nationale de La

---

[1] Arrêté du département. Déposition du curé constitutionnel.

[2] Pétition de la comtesse de Fargues, née Béral de Massebeau-Sédaiges, avec attestation du curé et de la municipalité.

[3] Procès-verbal de la municipalité de Vitrac. Archives nationales, F. 7.

Salvetat, elle fit arborer l'étendard national sur la grande tour et démolir les toits, sans permettre qu'on pénétrât dans l'intérieur du château. Mme de Fargues, avec ses filles, dont l'une était la marquise de Léotoing, et le chevalier de Bonal, leur cousin, assistaient à cette besogne, qu'on pensait être une mesure de précaution. Tout à coup sur le penchant des coteaux, on vit apparaître une bande d'étrangers, dont les fusils et les fourches scintillaient au soleil : c'était la garde nationale de Boisset, qui venait de saccager le manoir de Conquans [1] et qui s'apprêtait à faire subir à Fargues le même sort. Comprenant le danger, les châtelains font atteler un charriot et s'échappent en toute hâte, [2] tandis que, du haut de la grande tour, on leur crie de presser le pas. Il était temps, en effet. Déjà les ennemis pénétraient dans le bourg, à cinq cents pas du château : et la conduite qu'ils tinrent prouve combien la famille de Fargues dut s'estimer heureuse de ne pas être tombée entre leurs mains. A peine arrivée, cette horde de brigands, sans vouloir rien écouter, enfonça

---

[1] Registre d'écrou des prisons d'Aurillac.

[2] Notes de la Commission révolutionnaire ; tradition conservée dans le pays.

les portes et se mit à piller. Au même moment, arrivait un courrier porteur d'une lettre de Milhaud, qui déclarait s'être ravisé et prescrivait de suspendre la démolition du château, parce que celui-ci pouvait servir de corps de garde. Mais les gens de Boisset, s'imaginant que la lettre du commandant était fausse et que c'était une manœuvre de la municipalité de Vitrac pour les éloigner, continuèrent de plus belle la démolition et le pillage, dont ils entassèrent le produit sur des chars. Pour comble d'audace, ils abattirent le drapeau qui était arboré sur la tour, déclarant que la bannière de Vitrac était indigne de flotter sur ces murailles régénérées.

Tant d'insolence mit à bout la patience des Vitracois, qui, aidés des habitants de La Salvetat, réussirent à expulser les étrangers. Mais ceux-ci revinrent bientôt à la charge, et une horrible bagarre s'ensuivit. Les deux communes s'attaquèrent à coups de haches et de fourches et trois personnes furent blessées dangereusement, dont une mourut le surlendemain. Les gens de Vitrac reconquirent pied à pied les appartements sur ceux de Boisset, qui, contraints de déguerpir, se répandirent sur le territoire de la paroisse, rançonnèrent un village tout entier, pillèrent le percepteur et un officier municipal, t se retirèrent enfin, la nuit venue, emportant ur butin, et proférant les plus épouvantables ienaces.

Ils ne tardèrent pas à les mettre à exécution. Le mardi suivant, [1] les habitants de Vitrac et eux de La Salvetat, qui se rendaient à la foire e Maurs, furent reçus à coups de fusils, dans village de Bonnemayoux, par des jeunes ens apostés dans des chambres, des deux côtés e la rue, tandis qu'une troupe de mégères les ccablaient sous une grêle de pierres. Ceux qui arvinrent sur le champ de foire furent moles-és au point d'être forcés de s'éloigner et de onfier leurs bestiaux à des étrangers. Enfin, eurs ennemis firent tant et si bien qu'ils du-ent renoncer, pendant près de deux mois, à réquenter les marchés de Maurs.

La commune de Boisset, fanatisée par son aire, le sieur Hugues Lac, [2] qui fut, après le thermidor, condamné à douze ans de fers, pour ols et détournements, aspirait à jouer, dans

---

[1] Pétition et dénonciation de la municipalité de Vi-ac au directoire du département. Archives nationales, . 7.

[2] Registre d'écrou des prisons d'Aurillac, pendant la évolution.

cette partie de l'arrondissement, le même rôle qu'Arpajon aux portes d'Aurillac ; car la ville de Maurs était maintenue dans la paix et l'ordre par l'influence salutaire de M. Jalenques, juge et maire de la commune. Avant de venir à Fargues, les habitants de Boisset avaient, de concert avec le maire de St-Etienne-de-Maurs, entièrement dévasté le château de Murat, appartenant à Mme de Peyronnene, et exigé, en outre, de celle-ci une grosse somme, pour payer leurs dépenses dans les auberges. [1] La pauvre femme n'avait réussi à sauver son jeune fils qu'en le déguisant en paysan. [2]

Deux jours plus tard, la municipalité de Parlan, [3] entendant sonner le tocsin et voyant le peuple accourir vers le château du comte de Saignes, qui domine le bourg, s'y transporte en corps, après avoir eu le soin de faire convoquer la garde nationale. Sur la terrasse, elle trouve une poignée d'étrangers qui veulent persuader

---

1 Dénonciation de la municipalité de St-Etienne-de Maurs au Directoire du département. Procès des frères Malroux ; registre d'écrou.

2 Taine. *Origines de la France contemporaine.*

3 Procès-verbal de la municipalité de Parlan, Archives nationales, F. 7, et déposition de Jean-Baptiste Devillars, secrétaire-greffier.

à la population de démolir le château. Heureusement les villageois de Parlan sont d'un caractère paisible, et le maire, par ses exhortations, n'a pas grand'peine à rétablir le calme. Par surcroît de précaution, la garde nationale est chargée de veiller autour des bâtiments menacés, et le groupe des agitateurs n'a plus qu'à s'en retourner, l'oreille basse. Mais ceux-ci n'étaient que les précurseurs d'une bande de pillards, qui fit son apparition trois heures après, composée de la paroisse de Boisset, d'un grand nombre de gens du district de Figeac et de toutes les mauvaises têtes du pays. Les gardes nationaux de Parlan, attaqués à coups de pierres, sont, après une longue résistance, contraints de battre en retraite avec force horions. Les assaillants envahissent le château et font d'abord main basse sur les archives déposées dans la grande tour, auxquelles ils mettent le feu. Trois citoyens courageux [1], qui cherchent à opérer le sauvetage des documents les plus précieux, sont arrêtés sur la place, houspillés par la foule, et l'un d'eux, Pierre Mestries, est bien près de périr sous les coups de bâton. Le pillage dura un jour et une nuit. Aussi, lorsqu'après le dé-

[1] Pierre Mestries, Hilaire Martal, J.-B. Devillars.

part de la bande, la municipalité se transporta au château pour faire les constatations d'usage, elle ne trouva plus ni portes ni fenêtres, et jugea inutile d'y laisser une garde, « attendu qu'il n'y avait plus rien à prendre ».

Pendant que ces scènes se passaient à Parlan, la municipalité et la garde nationale de Saint-Julien-de-Toursac[1], averties de l'approche des gens de Boisset, s'étaient transportées au château de Naucaze, pour essayer de le protéger. Dans la journée, on en fut quitte pour les vitres brisées et l'encan d'une partie du mobilier, auquel il fallut consentir : car on n'eut affaire qu'à des détachements peu considérables, le gros de la troupe étant occupé soit à Parlan, soit au village de Lescure, près du Ventalou, « où demeurait un ci-devant gentilhomme ». Mais voici qu'au milieu de l'obscurité de la nuit, une bande d'hommes, la plupart masqués, se précipitent sur la garde, endormie et sans défiance, en font la moitié prisonnière et mettent le reste en fuite. En rapportant de telles scènes, on croit écrire une page d'un roman du moyen âge, et l'on a besoin de relire les procès-

[1] Procès-verbal de la municipalité de Saint-Julien-de-Toursac, Archives nationales, F. 7, et registre d'écrou.

verbaux des municipalités pour s'assurer qu'on ne se laisse pas emporter, malgré soi, par son imagination vagabonde. Cette escalade mystérieuse, au milieu des ténèbres et de la solitude de la campagne ; les fenêtres du manoir, s'illuminant soudain, à la lueur vacillante des brandons de paille enflammés ; ces silhouettes d'hommes qui passent et repassent dans l'ardeur du pillage ; et, tout à coup, ce cri sinistre: « Au feu ! » retentissant parmi les spectateurs, tandis que la masse imposante de la vieille forteresse émerge tout entière de sa demi-obscurité, à la clarté des toits qui s'embrasent... Tel est le tableau que les pièces authentiques nous laissent entrevoir, malgré leur sécheresse officielle, et qui semble appartenir plutôt aux époques lointaines des guerres de religion. Aujourd'hui, les ruines de Naucaze se dressent encore pour raconter aux générations futures l'incendie que des brigands allumèrent dans ses murs, la nuit du 24 mars.

Cependant, comme une lèpre énorme, la contagion du pillage se répandait de proche en proche, dans les cantons voisins, laissant intactes des portions entières du pays, mais envahissant avec d'autant plus de force certaines paroisses : véritables taches infectieuses, dont le contact malsain menaçait d'une épidémie générale toute la surface de l'arrondissement. Dans les endroits où l'influence de Milhaud ne se faisait pas directement sentir, les troubles des campagnes prenaient un aspect tout nouveau. Ce n'était plus cette guerre aux châteaux, cette poursuite des « aristocrates », qui pouvaient, à la rigueur, trouver, non pas une excuse, mais une sorte de raison d'être dans des motifs d'ordre politique. Sans doute, dans les cantons de Montsalvy et de Maurs, le paysan qui pillait l'habitation d'un « ci-devant seigneur » songeait bien plus à remplir ses poches qu'à « détruire les repaires des ennemis du bien public »; mais il pouvait dissimuler sa cupidité derrière des apparences un peu moins inavouables ; tandis que, dans les scènes que nous allons raconter, l'amour mal compris de la liberté a fait place à l'amour du lucre, et l'intérêt supposé de la Révolution ne masque même plus le mobile véritable, qui est l'intérêt d'une commune ou même d'un particulier.

A Lacapelle-Viescamp, [1] une moitié de la pa-

[1] Procès-verbal par le maire et deux officiers municipaux de Lacapelle-Viescamp, Archives nationales, F. 7 Le procès-verbal, fort long et d'ailleurs fort curieux, est rédigé dans un français des plus pittoresques.

roisse, conduite par son procureur, avec la connivence du curé constitutionnel, pille l'autre moitié, qui s'est mise sous l'égide du maire. C'est la lutte d'un quartier contre l'autre, à laquelle ne vient se mêler aucun sentiment politique. Aussi le château de Viescamp, qui se trouve compris dans la zone où le complot a éclaté, n'est visité que pour la forme et n'est assujetti qu'à une taxe assez légère. En revanche, la bande, dont le procureur de la commune est le chef, envahit les maisons de quelques filles dévotes, de villageois inoffensifs et même de pauvres journaliers, auxquels on extorque des sommes relativement importantes. Le maire ni l'adjoint ne sont exemptés de la contribution. Tel, qui a dans sa maison sa vieille mère âgée de quatre-vingt-deux ans, vient offrir dix francs aux émeutiers pour qu'ils n'entrent pas chez lui ; tel autre ne réussit qu'à prix d'argent à éviter à sa femme, au moment d'accoucher, les émotions d'une invasion de son domicile. En route, on arrête un cavalier, que l'on force à payer une rançon et à renoncer en outre, à un procès qu'il a contre un des hommes de la bande. Bref, c'est une bonne aubaine et une journée fructueuse pour une partie des habitants de Lacapelle, que cette pêche en eau trouble amuse prodigieusement.

A peu de distance de là, au village de Labro, commune de Saint-Etienne-Cantalès, le sieur Lorus, officier municipal d'Aurillac, est assailli par les réclamations des habitants. Il s'agit d'un commun que le tribunal lui a adjugé, mais dont les villageois exigent la restitution. Cette fois, c'est le maire lui-même, armé d'un fusil à deux coups, qui conduit la bande. Sous prétexte d'aller conférer avec son notaire, Lorus réussit à gagner Aurillac, et de là il envoie au maire l'acte de renonciation. Mais cette soumission ne suffit pas aux émeutiers, qui, le lendemain, reviennent à la rescousse, pénètrent jusque dans la chambre de Mme Lorus, [1] lui appuient sur la poitrine le bout de leurs fusils et de leurs fourches et la menacent de lui couper la tête ; tandis que la pauvre femme s'évanouit de frayeur, l'habitation est livrée au pillage. Enfin, la nuit venue, Mme Lorus parvient à déjouer la surveillance qui l'entoure et rejoint son mari à Aurillac, laissant ses biens et ses papiers entre les mains des brigands.

---

[1] Pétition du sieur Lorus au Directoire du district. Archives nationales, F. 7.

Sans doute, dans d'autres endroits encore, des scènes de ce genre durent se répéter : car il est probable que plus d'une commune profita du désarroi général et de l'impuissance des autorités pour assouvir quelque rancune ou trancher brutalement quelque litige en sa faveur. Mais, comme nos recherches ne nous ont fourni que les procès-verbeaux auxquels nous avons emprunté le récit de ces faits, et que, dans le courant de ce travail, nous avons tenu à ne rien avancer dont nous n'ayons la preuve écrite, nous nous bornons à rapporter ces deux épisodes, symptômes bien caractéristiques de l'état des esprits.

Au surplus, nous nous demandons si nous ne sommes pas un peu sorti de notre sujet : car nous avons abandonné la scène plus vaste et plus mouvementée sur laquelle s'agitent les Arpajonnais, avant d'avoir raconté toutes leurs prouesses.

Toutes les forces de l'armée dont Milhaud était l'instigateur et le chef ne s'étaient pas portées dans le canton de Montsalvy. Une partie des paroisses de Vézac et de Giou-de-Mamou avait obliqué vers la gauche, et, se renforçant en route des gens d'Yolet, s'était rassemblée dans le bourg de Polminhac, pour monter au château de leur seigneur, le marquis de Miramon.[1] L'invasion de Pesteils, qu'on appelait alors Miramon, eut cela de particulier qu'elle ne donna lieu ni au meurtre ni à l'incendie, ni même à un pillage véritable, mais à une ripaille gigantesque, telle qu'aurait pu en rêver l'imagination fertile de Pantagruel. La bande, forte de plus de 400 hommes, grossie aux environs de Polminhac de 300 autres personnes, de sexes différents, mais d'un égal appétit, commença par dresser des tables dans la vaste cour du château, qui domine le bourg. Puis, ordre fut donné au notaire Traynier, intendant du marquis, de procurer des aliments à tous les convives. Quant à la boisson, les visiteurs avaient eu l'honnêteté de se servir eux-mêmes, en enfonçant les caves qui contenaient des vins rares et de grand prix. Le garde-manger, les dépenses, les greniers, tout fut dévalisé ; on tordit le cou à toute la volaille de la basse-cour : et ces victuailles vinrent s'entasser auprès d'un grand feu allumé dans un coin. On était en Carême : et, détail bien typique, les émeutiers,

---

[1] Rapport de Traynier, notaire à Polminhac ; de Baduel, de Loussert, de Bertrand, officiers de la terre et marquisat de Miramon.

scrupuleux, quoique voleurs, voyant qu'ils scandalisaient l'honnête Traynier, eurent soin de lui rappeler que « M. l'évêque avait accordé la permission du gras ». Ce devait être un spectacle original que celui de cette population attablée, qui, outre les provisions dont nous venons de parler, dévorait une quantité énorme de lard et de morue, qu'on avait envoyé chercher à Polminhac, « trois pièces de fromage, cinq pièces de beurre et plus de vingt quintaux de pain, arrosant le tout de quatre barriques de vin ». Quant la bande fut bien repue, elle envahit le château, sous prétexte d'y faire des perquisitions ; mais les libations avaient été si copieuses qu'il y eut plus de dégâts commis que de meubles enlevés, et, lorsqu'on songea à découronner le donjon, on ne trouva pas un homme assez valide pour se risquer à monter sur les toits. L'habitation fut ainsi épargnée ; mais le dommage causé s'élevait à plus de 10.000 livres, sans compter six barriques de vin et 600 livres d'argent que les envahisseurs se firent délivrer en partant, à titre de souvenir.

Le lendemain, la municipalité d'Yolet, ayant retrouvé ses esprits et songeant qu'elle n'avait pas fait une assez bonne journée, reprit le chemin de Pesteils et, pour éviter le retour de sa garde nationale, exigea encore 400 livres.

Deux jours après, ce fut le tour de la commune de Giou. Un détachement de cent hommes s'en revint à Miramon festoyer aux dépens du propriétaire, dont la cave et les provisions avaient décidément paru bonnes, et se fit souscrire trois billets, à force de menaces : le premier de 1.200 livres, le second de 6.000 et le dernier de 600, pour son chef. Pendant toute la semaine, il y eut un véritable défilé de gens qui accouraient à la curée. Tel extorquait 200 livres et tel autre 300 ; celui-ci, fermier de la famille de Miramon, prétendait que, depuis longtemps, lui et ses auteurs avaient payé des fermages trop élevés et réclamait le remboursement de l'excédent : cet autre, qui était en procès avec le marquis, entendait contraindre celui-ci à renoncer à ses droits et à se condamner lui-même. En un mot, M. de Miramon était devenu une sorte de vache à lait que chacun voulait traire. A quelques lieues de là, son domaine de Bassignac[1] était mis au pillage, ses bestiaux et ses grains enlevés ; et, du côté de St-Flour, les communes de Saint-Clément, de Bre-

[1] Rapport de Traynier.

zons et de Cézens dévastaient entièrement son château de Neyrebrousse, [1] meublé et entretenu, dont elles ne laissaient pas pierre sur pierre.

Ce qu'il y eut de particulièrement odieux dans toutes ces scènes, c'est que les principaux acteurs, ceux qui entraînaient les autres et montraient le plus d'acharnement, étaient d'anciens serviteurs de la maison de Miramon, pensionnés par elle, les neveux du chapelain de Pesteils et deux particuliers que le marquis avait tirés de la misère et fait élever à ses frais. « Tout le monde, à Aurillac et ici, écrivait M. Loussert, de Vic, en est pénétré de l'indignation la plus profonde : c'est un beau sujet de réflexions pour nos moralistes. »

En même temps que M. de Miramon, d'autres personnes étaient molestées, dans le canton de Vic. M. de Roncsque vit brûler ses greniers. [2] A Polminhac, M. des Huttes dut s'enfuir devant les menaces. [3] M. de Montlogis de Lascourtines [1] surpris chez lui pendant qu'il

---

1 Rapport de Traynier et registre d'écrou.

2 Procès-verbal rapporté par M. Teillard, procureur général à Saint-Flour ; lettres de Loussert, de Vic.

3 Lettres de Baduel, de Polminhac.

1 Lettres de Baduel, de Polminhac.

était seul, fut attaché sur un des bancs de sa cuisine par un misérable qui s'apprêtait à l'égorger ; toutes les portes avaient été fermées, et l'infortuné était perdu, si son fermier, entendant du bruit, n'avait réussi à pénétrer par une fenêtre et à mettre en fuite l'assassin. Les habitants de Saint-Clément descendirent à Vic pour massacrer M. de Murat-Sistrières qui n'eut que le temps de se sauver en robe de chambre, en bonnet et sans culotte, et, toujours courant, parvint, dans cet équipage, jusqu'à Saint-Flour. [1] M. de Lastic de Lescure ne se racheta qu'au prix de 24.000 livres. [2]

On ne saurait prévoir où se seraient arrêtés ces excès, si la municipalité de Vic n'avait, par une sage résistance, modéré l'élan des pillards. C'était grâce à elle déjà que M. de Sistrières avait réussi à s'échapper, lorsque, le lendemain, elle reçut une lettre de M. de Lacarrière, qui mettait son château de Comblat sous sa protection. La municipalité, touchée de cette confiance, envoya sa garde nationale se ranger autour du château ; [3] et bien en prit au propriétaire d'a-

---

[1] Lettre de Traynier.

[2] Lettre de Loussert.

[3] Municipalité de Vic. Procès-verbal et lettre de Loussert, de Vic.

voir eu cette heureuse idée. En effet, peu d'heures après, parut la bande des dévaliseurs de Pesteils ; et M. de Lacarrière aurait vu certainement se renouveler à Comblat les scènes qui venaient de se passer à son château de La Rodde, si les émeutiers n'avaient pas trouvé la place occupée militairement. Reçus poliment, mais avec fermeté, ils comprirent qu'ils étaient joués et passèrent outre, pour se rendre à Vic, où l'on ne put les empêcher de commettre quelques dégâts. L'église et les archives de la mairie furent pillées, plusieurs notables tracassés et l'on alluma sur le communal un grand feu de joie avec les papiers qu'on avait enlevés. [1] Mais, comme tout est relatif en ce monde, on jugea, à cette époque, que ce n'étaient que des gentillesses, et les gens de Giou et d'Yolet purent, en s'en retournant, s'estimer battus. Aussi, désirant prendre leur revanche, se dirigeaient-ils vers Aurillac pour brûler les terriers de M. de Miramon, qu'on disait être déposés chez le procureur Labro ; mais, en route, ayant appris que la garde nationale de cette ville était sous les armes et ne laissait pénétrer personne, ils se

---

[1] Municipalité de Vic. Procès-verbal et lettre de Loussert, de Vic.

sentirent pris entre deux feux et jugèrent bon de se retirer dans leurs paroisses respectives.[1] Exemple frappant du bien qu'auraient pu produire quelques marques d'énergie données par les municipalités.

Milhaud lui-même, l'invincible Milhaud, terminait, au même moment, sa marche triomphale par un petit échec, dans les murs d'Aurillac. Au retour de sa brillante campagne, il voulut, par politesse, escorter les gardes nationaux de Reilhac, Jussac et Marmanhac, ses alliés, qui rentraient dans leurs foyers, et demanda l'autorisation de traverser la ville. La municipalité le lui permit, à la condition expresse que lui et ses hommes s'abstiendraient de tout tapage. C'était demander au diable de se faire ermite avant l'âge. Arrivée au haut de la rue d'Aurinques, la bande des Arpajonnais se mit à enfoncer les portes de la maison de la marquise de Fontanges, la bienfaitrice des pauvres, dont le nom était populaire dans tout Aurillac. Mal lui en prit : car la population, émue de cette nouvelle, se souleva tout entière et chassa les étrangers, qui reçurent, cette fois, une bonne

---

[1] Lettre de Loussert, de Vic.

correction [1]. Malheureusement, la leçon arrivait trop tard, et le mal n'était plus à faire.

Dans l'arrondissement tout entier, le désarroi et la terreur étaient à leur comble. Pendant la nuit, les routes étaient encombrées d'émigrants, qui fuyaient à l'approche des paroisses soulevées. Les familles riches et jusqu'aux particuliers les plus pacifiques désertaient la ville et la campagne pour se réfugier dans les départements voisins. « Les hôtels et les maisons de Clermont étaient bondés de monde, et l'on ne trouvait plus de place pour loger les Aurillacois qui arrivaient sans cesse. » [2] Le Directoire du département, dont plusieurs membres avaient été couverts d'insultes, ne se sentant pas en sûreté à Aurillac, songeait à aller fixer ailleurs son séjour ; et ce ne fut que sur les instances réunies du district, de la municipalité, de la garde nationale et d'une députation nombreuse de citoyens de la ville, conduite par le curé constitutionnel de Sainte-Etienne, qu'il consentit à rester. Ces pauvres administrateurs [3], isolés et noyés au milieu du flot révo-

---

1 Séances du district.

2 Lettre de Baduel, de Vic.

3 Lettres des ministres Rolland et Duranthon. Archives nationales.

lutionnaire, sans moyen efficace pour l'endiguer, sans autres armes que les foudres impuissants de leur éloquence, ne pouvant que lancer des arrêtés qui ne recevaient pas d'exécution et prodiguer des conseils qui ne parvenaient même pas à leur adresse, s'agitaient dans le vide et ne savaient littéralement à quel saint se vouer. Semblables à ces gens enlisés dans la tourbe d'un marais et qui ne peuvent s'échapper sans le secours d'autrui, ils tentaient en vain de sortir, par leurs propres moyens, d'une situation sans issue ; et leur effarement, bien naturel, serait risible, si les circonstances n'avaient pas été aussi graves. Leur voix, toute vibrante d'une indignation vertueuse, se perdait dans le tumulte de l'émeute : « Par qui, disaient-ils, [1] ces vexations ont-elles été commises ? Par des citoyens français, des officiers municipaux en écharpe, qui tous avaient juré de maintenir la Constitution et de périr jusqu'au dernier plutôt que de laisser violer la sécurité des personnes et des propriétés. De tels forfaits et le contraste incroyables qu'ils présentent avec leurs auteurs font frémir et déshonorent ceux qui les ont commis. Vos flatteurs ne vous tiennent pas ce

[1] Adresse au peuple des campagne (16 avril).

langage, parce qu'ils ne cherchent qu'à vous tromper et profiter de vos égarements ; et remarquez bien que ces flatteurs adroits de toutes vos passions les plus désordonnées sont précisément les mêmes hommes qui, sous l'ancien régime, rampaient le plus bassement devant les préjugés ou l'autorité. Ils étaient vils : ils doivent l'être encore à vos yeux ; car, si le despotisme pouvait renaître, vous les verriez les premiers à l'encenser et à s'élever contre vous. Et, si vous êtes sages, vous n'estimerez que ceux qui osent vous dire la vérité. Mais qui osera vous la dire, dans ces temps orageux?... qui ?... Nous, que vous avez mis en place pour cela, qui ne vous demandons rien, qui ne désirons rien que vous voir bons, honnêtes, libres, heureux. Quelle lâcheté ne serait-ce pas à nous, si nous paraissions approuver, même par notre silence, votre funeste égarement ! Un jour, et bientôt sans doute, vous serez désabusés, et vous rendrez justice à des administrateurs qui auront mieux aimé vous servir que vous plaire. Au reste, dès ce moment, nous osons compter sur l'estime et l'appui de tout ce qu'il y a parmi vous de bons citoyens. Le nombre en est beaucoup plus grand qu'on ne le pense ; car, il ne faut pas se lasser de le répéter, un attroupement n'est pas le peuple, et quelques ramassis de factieux ne sont pas la nation. Que ceux-là, que les agents secrets qui les dirigent nous haïssent, nous avons dû nous y attendre, et c'est là notre gloire. La haine des méchants honore les hommes vertueux. »

Espérant ressaisir un peu d'autorité, le Directoire voulut passer des paroles aux actes ; et, après avoir convoqué en séances extraordinaires l'Assemblée départementale, avoir écrit à la représentation nationale et au Roi, elle prit trois arrêtés qui devaient rétablir l'ordre dans l'arrondissement. Le premier ordonnait le remboursement de toutes les contributions ; le second cassait la garde nationale d'Arpajon et déclarait dissoute la fameuse fédération organisée par Milhaud ; le troisième décrétait des poursuites contre les fauteurs des troubles et chargeait les juges de paix de l'enquête, malgré les efforts d'Hébrard, qui demandait « une attribution particulière au tribunal criminel » de l'information et de la connaissance de ces délits. [1]

---

[1] Lettre d'Hébrard au ministre de la Justice ; arrêté du Département, qui repousse la demande d'Hébrard, envoyée le 6 avril au ministre de la Justice.

Mais les pillards des châteaux refusèrent résque tous de rendre l'argent, trouvant mille rétextes pour se soustraire à cette obligation.[1] 'autre part, la Société des Hommes de la ature déclara s'opposer au licenciement de la rde nationale ; Milhaud écrivit au Départe-ent une lettre insolente[2] ; et le bruit courut a'« Arpajon organisait encore une coalition rec plusieurs paroisses et allait fondre sur urillac, plutôt que de se rendre ».[3] Quant ıx poursuites, elles n'aboutirent pas davan-ge : car les chefs du mouvement, qui, de oncert avec Hébrard, avaient pensé éteindre affaire en la remettant, entièrement et sans ontrôle, entre les mains du tribunal criminel, ouvèrent moyen d'éluder leur effet par la olence et l'intimidation. Les juges de paix ırent contraints, à force de menaces, e ne citer guère que les témoins à écharge ou ceux dont la déposition était insi-nifiante.[4] Sur les témoins à charge, on fit eser une telle terreur que ces pauvres diables

[1] Lettre de Traynier (9 avril).
[2] Société Populaire et Conseil général.
[3] Lettre de Traynier (9 avril).
[4] Lettre de Baduel (24 juin).

se tenaient cois, pour la plupart, ou ne répondaient pas à la convocation. Enfin, ceux des magistrats qui, à l'exemple du juge de paix d'Aurillac, refusèrent de trahir leurs devoirs n'eurent d'autres ressources pour sauver leur vie, que de donner leur démission ou de prendre la fuite.[1] « Vous pourrez sans doute un jour vous faire rendre justice, écrivait-on au marquis de Miramon ; en ce moment, ce serait inutile.[2] »

Pour tirer le pays de ce chaos lamentable et pour rendre aux autorités leur prestige méconnu ce n'était pas une plume rédigeant des proclamations et des arrêtés impuissants, c'était un sabre qu'il fallait.

Dès les débuts de l'insurrection, beaucoup de personnes avaient réclamé l'assistance de la force armée ;[3] mais ce ne fut que dans les premiers jours d'avril que le Directoire du département, ayant épuisé les moyens de conciliation, se décidait à demander l'envoi des troupes. Le ministre de la Justice appuyait sa

---

[1] Lettre de Duranthon, ministre de la Justice (2 avril).

[2] Lettre de Baduel.

[3] Lettre d'Hébrard du 14 mars.

étition par une lettre pressante : « Que les oursuites contre les auteurs des troubles, isait-il, soient protégées par des forces capables 'en contenir les auteurs, de ranimer le couage des bons citoyens et surtout celui des émoins qui peuvent indiquer celui des princiaux chefs des séditeux : cette circonstance ous paraîtra sans doute trop majeure pour ne as désirer que le département du Cantal ait ncessamment les secours militaires dont il a ndispensablement besoin.[1] » Enfin, le 27 avril, le ministre de la Guerre avisait Roland, on collègue à l'Intérieur, de l'envoi dans le Cantal de quatre escadrons de cavalerie et d'un égiment d'infanterie sous les ordres du maréchal de camp de Boissieux.[2]

Les troupes furent reçues à Aurillac avec enthousiasme ; on offrit un grand repas à leurs chefs. Et, comme par enchantement, la face des choses changea. Ce fut un véritable coup de théâtre. Les contributions rentrèrent d'ellesmêmes dans la bourse de ceux à qui on les avait extorquées.[3] Les Arpajonnais devinrent

[1] Lettre de Duranthon. Archives nationales, F. 7.
[2] Archives nationales, F. 7.
[3] Lettre de Baduel.

doux comme des moutons, et leur chef, Milhaud, fut jeté en prison, comme un simple malfaiteur.[1] Le tribunal criminel, qui n'avait pas voulu jusque-là prononcer de condamnation sur les délits constatés par les juges de paix, s'avisa soudain qu'il pouvait y avoir eu des coupables. Dans le courant du mois de mai, la Justice ne chôm.; pas, et les séditieux connurent les durs réveils des lendemains de fêtes. Deux ans de prison pour avoir, au sac de Neyrebrousse, insulté un membre de la municipalité de Cézens; quinze ans de fer pour pillage et incendie du château de Naucazes :[2] les condamnations commençaient à pleuvoir sur les têtes ; et la bande s'émouvait de voir molester ses membres les plus ardents, « de si honnêtes patriotes ».

Aussitôt, à son instigation, les Sociétés populaires entamèrent un concert de doléances sur l'état de siège dont gémissait le pays, sur ce nouveau genre de terreur substitué à un autre, sur la nécessité de l'apaisement et même de l'amnistie. A les entendre, tout le monde était assagi et repentant ; la concorde la plus absolue régnait, grâce « au rapprochement des deux

1 Registre d'écrou.
2 Registre d'écrou.

castes qui venait de s'opérer », et le seul danger était que les populations, exaspérées par la présence prolongée des troupes, ne se portassent à des révoltes. Le plus curieux c'est que les gens modérés (éternel aveuglement de l'honnêteté confiante) étaient les plus empressés à demander l'éloignement des soldats.[1]

Ils firent si bien qu'au bout de trois semaines d'occupation, le ministère de la Guerre rappela les troupes. La cavalerie quitta Aurillac, le 25 mai, pour aller à Lyon, et, cinq jours après, l'infanterie retourna du côté de Nîmes, rejoindre le général Wittgenstein.

Aussitôt le chat parti, les souris recommencèrent à danser leur sarabande ; et, à cent ans de distance, il nous semble, qu'en recomposant le récit de ces faits, nous rajustons les scènes d'une vaste comédie.

Dans la semaine qui suivit l'évacuation, les quarante cavaliers qu'on avait laissés pour maintenir l'ordre furent assaillis sur la place d'Aurillac par une grêle de pierres, lancées de droite et de gauche, sans qu'on pût savoir d'où

[1] Lettre du ministre de la Justice, Archives nationales, F. 7. Société Populaire ; Société des Hommes de la Nature ; pétition d'un groupe de citoyens d'Aurillac. Arch. départementales.

elles venaient [1]. Les émeutiers relevaient la tête et les désordres renaissaient. « Le découragement s'est emparé des magistrats, écrivait dès le 9 juin le ministre de la justice [2]; ils n'osent plus exercer leurs fonctions, au milieu des brigands qui les environnent, et redemandent la force armée. » Le bruit se répandait, en outre, qu'on allait forcer les portes des prisons d'Aurillac, pour en faire sortir les chefs de la sédition [3]. Mais leurs amis comprirent vite que ces mesures de violence étaient inutiles et qu'il valait bien mieux laisser agir le tribunal criminel, car celui-ci arrêtait toutes les enquêtes et s'apprêtait à relâcher les coupables incarcérés en leur donnant le prestige d'un acquittement légal [4]. « On fait semblant de faire le procès aux plus coupables, écrivait Baduel à l'abbé Planche ; puis on les absout. Tous les coquins ont été blanchis comme neige et mis hors de cause. C'est horrible. Tous les braves gens crient et ne savent que penser d'une pareille manœuvre. »

---

1 Lettre de Baduel, (24 juin).
2 Archives nationales, F. 7.
3 Lettre de Loussert (26 juin).
4 Registre d'écrou.

Le plus difficile était de faire passer, sans trop de scandale, l'acquittement de Milhaud, le plus connu des chefs de la Jacquerie et le plus universellement compromis. Presque tous les procès-verbaux mentionnaient le nom du « commandant d'Arpajon ». On produisait à l'audience des lettres de lui aux municipalités et même aux curés constitutionnels, pour les exciter à la démolition et au pillage [1] ; enfin la voix publique l'accusait d'avoir été l'instigateur de tous les troubles, et cent témoins l'avaient vu à l'œuvre. On attendit donc longtemps, afin de préparer les esprits par l'issue des autres procès et pour laisser se calmer les passions des premiers jours. Mais, lorsque le 10 Août eut renversé la Monarchie, on comprit qu'il n'y avait plus rien à ménager ; et, neuf jours plus tard, tandis qu'on proclamait dans Aurillac la convocation d'une Convention nationale et la suspension du pouvoir exécutif [2], Milhaud sortait, la tête haute, de l'audience, au bras du maire de Boisset, « blanchi », comme lui, dans cette séance [3]. Aussitôt les patriotes de la ville

---

1 Notamment au curé de Vitrac. Registre d'écrou.

2 Séances du Directoire du district.

3 Registre d'écrou.

le portaient en triomphe et organisaient en son honneur une farandole autour de l'arbre de la liberté, « qu'il allait de temps à autre embrasser tout en dansant.[1] »

Libre désormais de tout oser, Milhaud réunissait le surlendemain une partie de ses anciens soldats, et, à leur tête, expulsait de leurs sièges les juges et les jurés du tribunal criminel, ouvrait les portes des prisons à ceux de ses amis qui y étaient détenus encore, et, envahissant les greffes, anéantissait dans les flammes toute la procédure.[2] Sans doute il espérait, par cet acte audacieux, dérober à la postérité la trace de ses sinistres exploits ; mais il avait compté sans les archives des particuliers et les procès-verbaux envoyés à l'Assemblée nationale; il avait compté surtout sans la mémoire de ses contemporains qui ont transmis à leurs enfants le souvenir de sa funeste influence. Triomphant et impuni, maître désormais de la situation, il s'imposait quelques jours après au collège électoral, qui l'envoyait, en compagnie de son

---

[1] Lettre de Loussert.

[2] Séances du Directoire du district d'Aurillac. François Colinet au représentant Milhaud. Réponse d'Hébrard aux honnêtes citoyens, etc.

ami Carrier, représenter sur les bancs de la Convention le pillage, l'incendie et le meurtre. Plus tard, commissaire aux armées, il étonnait les vieux généraux par sa fougueuse énergie et par sa compréhension des choses militaires. Poursuivant son étonnante carrière, il allait, héros de l'épopée impériale, se créer par son courage une place en vue dans les fastes de nos grandeurs nationales : mais, comme une tâche ineffaçable, le souvenir des crimes de ses débuts devait le suivre toujours : et cet homme, dont le nom retentissant de gloire avait fait un moment le tour de l'Europe, emporté par le galop furieux de ses escadrons, s'éteignait obscurément trente ans après, au milieu de l'indifférence de ses compatriotes, sans qu'un groupe d'amis suivît son cercueil,[1] sans qu'on se souvienne seulement de la place qu'il occupe au cimetière.

Au cours de notre récit, nous avons eu soin de ne désigner aucun de ceux qui ont été compromis dans ces tristes événements et dont les procès-verbaux nous donnent tous les noms ; car si nous désirions raconter un épisode dra-

---

[1] Journaux de l'époque et tradition.

matique de notre histoire locale, nous n'entendions ni remettre au jour des tâches que le temps parvient à effacer, ni réveiller des ressentiments endormis. Mais Milhaud a joué, à cette époque, un rôle trop considérable pour qu'il nous ait été possible de l'englober dans le même silence. Sans doute l'arrondissement d'Aurillac n'éprouva pas seul des troubles. A Mauriac, à Saint-Flour [1], les administrateurs se plaignaient aussi de quelques désordres ; mais ce n'étaient jamais que des attroupements vite dissipés et des perquisitions sans conséquences graves ; tandis que là où s'exerça l'influence de Milhaud, la cupidité et la violence eurent libre cours ; et dans les lieux où il passa, au mois de mars 1792, comme sous les pas du cheval d'Attila, la trace ne s'est pas effacée, et des ruines éparses racontent encore aujourd'hui, plus éloquemment que nous, les hauts faits de l'audacieux agitateur de notre pays.

Nous savons qu'on cherche, en ce moment, à faire revivre la mémoire de Milhaud, et la ville d'Arpajon organise une souscription pour lui

---

[1] Procès-verbaux de quelques municipalités du district de Saint Flour. Lettre du juge de paix de Salers Arch. nat. F. 7.

élever une statue. Nous respectons le sentiment de chauvinisme qui permet à un pays de se dissimuler les tares de ses illustres enfants, pour ne considérer que leurs gloires. Mais, puisqu'il y a eu deux hommes en Milhaud, un démagogue et un guerrier, que du moins on les distingue soigneusement, et qu'en vouant l'un à l'immortalité, on passe l'autre sous silence. Au surplus, à ceux qui voudraient faire de la politique autour de cette statue, ne pourrait-on pas demander lequel des trois régimes, que Milhaud a servis successivement, ils ont mission de représenter ?

Il faut que, dans ce bronze, rien ne rapelle l'incendiaire de 1792, mais qu'on n'y voie que l'intrépide cavalier des charges de Ligny et de Waterloo.

Alors chacun pourra regarder le monument sans tristesse ni colère ; de même que, pour oublier les horreurs et les massacres de la Terreur, nous aimons à reporter notre pensée sur les champs de bataille où, vers cette même époque, nos héroïques armées soutenaient une lutte de géants.

UN COIN IGNORÉ DU CANTAL

Un Coin ignoré du Cantal

VIC-SUR-CÈRE & SES ENVIRONS

(LE CARLADÈS)

I

Voilà deux ans à peine que le public a découvert dans le massif montagneux du Centre de la France le département du Cantal. Ce n'est pas d'hier pourtant que sur cette scène ignorée la nature s'était taillé des décors grandioses : le long des clairs sommets qu'escalade la verdure, dans les larges et riantes vallées, dans les ravins abrupts et sauvages où roule parmi les noirs sapins l'écume blanche des torrents, elle avait répandu à profusion des trésors pour l'artiste et le géologue, pour tous ceux que passionne le spectacle de sa beauté, pour tous ceux que tentent les mystères du sol et qui s'efforcent de lui arracher le secret des âges disparus. Cependant le « Haut Pays », comme le nommaient nos pères, paraissait voué à l'éternel oubli. Tout au plus devait-il à l'opérette et au vaudeville un semblant de notoriété ; et sur le boulevard, où toute réputation doit nécessairement prendre sa source, on savait vaguement qu'il existait du côté de Saint-Flour une région montagneuse, patrie des chaudronniers et des porteurs d'eau.

Tout à coup cette admirable contrée, insoucieuse et comme ignorante de sa beauté, a vu s'abattre sur elle des bandes de touristes, attirés par quelques affiches d'une Compagnie de chemin de fer et qui, s'en retournant émerveillés, sont devenus pour le Cantal une vivante réclame. Aussitôt les auteurs de guides se sont mis à l'œuvre ; on a mesuré soigneusement les distances, les hauteurs et les profondeurs, contrôlé la viabilité des chemins et la tenue des hôtels, étiqueté les sites et les monuments ; on a même décrit les lieux : et l'étranger, amateur de confortable et de sensations faciles, sait à point ce qu'il doit admirer et de quelle façon il doit le faire. Nos montagnes sont assez belles pour qu'on n'ait pas besoin de souffler par avance aux voyageurs le sujet et la formule de leur admiration. Mais parmi eux il s'en trouve certainement qu'intéresse l'histoire du pays, qui aiment à évoquer l'âme des ruines, à reconstituer par la pensée, sur la scène où ils se sont produits, les événements des temps passés. Cet opuscule est écrit pour eux. Ils n'y trouveront pas de longues descriptions, mais un assemblage de faits et d'aventures éparpillés au cours de mon récit, comme le sont sur les cimes et dans la vallée les vieilles murailles qui en furent les témoins; ils n'y trouveront pas un exposé d'histoire, mais ils reconnaîtront un genre familier au touriste : le boniment du cicerone.

II

Si le touriste descendu à la coquette station de Vic-sur-Cère veut bien me suivre un matin le long de la route qui passe devant l'établissement des eaux et qui, par d'amples et capricieux lacets, gagne le sommet de la montagne, je prétends lui faire un petit cours d'histoire locale dans des conditions peu banales. Mon idée n'est pas neuve cependant, et le démon qui transporta jadis « le fils de l'homme » sur un pic élevé pour lui faire embrasser d'un seul coup d'œil vingt royaumes différents, l'avait exploitée avant moi. Quand nous arriverons sur les hauteurs du col de Curebourse, votre regard ne rencontrera devant lui d'autres limites que celles de ses propres forces : et si les récits de votre guide ne vous intéressent guère, vous trouverez une large compensation dans le spectacle offert à votre admiration.

Chemin faisant, je vous apprendrai une chose qui vous étonnera sans doute, c'est que vous êtes ici dans les anciennes possessions du Prince de Monaco. Evidemment, les Grimaldi étaient des amateurs de la belle nature : habitués depuis de longs siècles à reposer leur regard sur l'infini calme et bleu de la Méditerranée, ils avaient voulu, par contraste, se procurer les brutales et grandioses émotions d'un paysage alpestre. Vous savez peut-être que le souverain de Monaco était duc et pair en France depuis l'année 1643 : or, le roi Louis XIII, en revêtant Honoré de Grimaldi de cette dignité, pour le récompenser de ses vaillants services, lui avait donné l'investiture du duché de Valentinois en Dauphiné et de l'ancienne vicomté de Carladez, en Auvergne.

Cette vicomté de Carladez était une petite contrée parfaitement distincte du Haut-Pays d'Auvergne, dans lequel elle s'enfonçait hardiment en s'appuyant sur le Rouergue, son berceau. A l'encontre de l'Auvergne proprement lite, dont le centre était Clermont et qui avait oujours été dans la main des Bourbons, le Carladez avait ses attaches dans le midi, vers Toulouse et Bordeaux. Ses premiers seigneurs, par delà l'an mil, étaient de la tige bien méridionale des vicomtes de Milhau : leurs successeurs, les sires de Pons, étaient des Saintongeois qui arrivaient de Ribérac ; ils vendirent ce fief à une autre famille du Midi, les d'Armagnac ; et ce n'est qu'après la catastrophe de cette maison turbulente et hautaine que les Bourbons prirent pied en Carladez. Anne de Beaujeu le posséda. Mais ce pays depuis un siècle portait malheur à ses seigneurs : le gendre et l'héritier d'Anne, le trop fameux Connétable de Bourbon, mérita par sa trahison la confiscation de ses domaines; et lorsque les Rois de France, devenus ainsi propriétaires de ce pays, voulurent en transmettre à quelque grande maison la jouissance héréditaire, c'est encore dans le Midi, à Monaco, qu'ils allèrent chercher le Seigneur du Carladez.

La capitale féodale de la vicomté était Carlat, colosse basaltique qu'il vous faudra aller visiter au premier jour. Mais l'âme de cette contrée, son centre intellectuel et judiciaire, c'était cette gracieuse petite ville de Vic que vous voyez à vos pieds, blottie dans la verdure, sous la protection des grands rochers bizarres, en forme de forteresse, qui la dominent, et contre lesquels elle semble se hisser peureuse, le long de la gorge de l'Iraliot. Regardez ces curieuses maisons, aux tours hexagones, aux pignons pointus, coquettes et gaies, malgré la teinte sévère de la pierre du pays. Quelques-unes méritent d'être signalées. Voici l'ancien couvent des Bénédictines, fondées vers 1600 par Camille de Pesteils, marquise de Noailles, en mémoire du marquis de Miramon, son premier mari ; voici la maison de la famille des Huttes, celle des princes de Monaco, enfin l'Hôtel des juges d'Appeaux de Carladez, dont les sentences ressortissaient directement au Parlement de Paris et qui durent avoir souvent de la peine à conserver le sang-froid nécessaire à leurs fonctions au milieu des querelles que leur suscitaient l'ombrageuse jalousie et les âpres revendications du Présidial d'Aurillac.

La ville était beaucoup plus importante autrefois et allait jusqu'au communal, dit *Joignal*. Il y avait double enceinte et un fort à deux bastions. Elle fut prise d'assaut deux fois. Les Anglais l'occupèrent longtemps, et c'est en souvenir de cette époque qu'un des gros rochers qui dominent le bourg porte encore le nom de Roc des Angles. Le capitaine Cat reconquit Vic au roi de France après un siège des plus meurtriers ; mais les Anglais se voyant perdus, y mirent le feu et réduisirent ses maisons en cendres. Les guerres de religion ne furent pas plus clémentes à la malheureuse cité, qui fut pillée deux fois et de nouveau incendiée.

Mais si le feu fut fréquemment fatal à la ville de Vic, ses eaux lui constituaient un brevet de longue vie. Sa source minérale était déjà connue et fréquentée par les Romains : car lorsqu'au commencement du XVIIe siècle, M. Boria, fameux médecin de Murat, fit faire des fouilles sur son emplacement, il découvrit des vestiges de constructions gallo-romaines et des médailles à l'effigie des empereurs Auguste, Claude, Vespasien, Dioclétien, Maximin et Licinius. Puis le souvenir de cette fontaine bienfaisante se perdit, jusqu'à ce qu'en 1560 un berger, ayant remarqué que ses vaches venaient lécher le rocher à l'endroit où suintaient les eaux minérales, ait attiré l'attention sur cette particularité. La source ayant été mise à jour, on vit les animaux venir de toutes parts pour y boire : l'homme ne tarda pas à suivre l'animal, et de ce jour Vic reprit sa vieille notoriété de ville d'eaux. Dans le cours du XVIIe siècle, Murat-Sistrières écrit que les buveurs des diverses provinces y accourent en foule et que quantité de personnes qualifiés y ont trouvé le soulagement de maladies variées. Il ajoute même que le 20 janvier 1670 il fit remettre six bouteilles de cette eau à M. Le Camus pour être envoyées à la cour, suivant l'ordre qu'il avait reçu du roi. L'échantillon plut sans doute ; car le roi se déclara protecteur de la source et chargea ses médecins particuliers de s'en occuper. Il en fut ainsi pendant cent ans jusqu'au jour où Louis XV jugea à propos de nommer une commission spéciale à laquelle la surintendance des eaux fut confiée. Mais si la source minérale de Vic n'était pas intermittente, il n'en fut pas de même de sa vogue qui diminua sensiblement à la fin de l'ancien Régime et se contenta de vivoter dans le cercle d'une notoriété toute locale. De nos jours elle reprend la place à laquelle elle a droit par l'ancienneté de son renom, la bonté de ses eaux et surtout la beauté de son site.

III

Tandis que je vous donne ces détails, la route que nous suivons, après un brusque lacet, s'est enfoncée dans les bois au pied de la roche basaltique et a pris un aspect sauvage que rend plus saisissant le contraste de la riante vallée. Mais bientôt, émergeant en pleine lumière, nous atteignons les hauteurs du Col de Curebourse. Maintenant retournez-vous et laissez à l'infini s'étendre votre regard, aussi loin que la Cère déroule le fil argenté de son cours, aussi loin que moutonnent dans la vague brume de l'horizon les collines de la Châtaigneraie, ces premières et modestes assises sur lesquelles se dresse le colosse du massif Cantalien.

Large et fière, la vallée s'allonge droit devant elle, depuis Vic-sur-Cère jusqu'au delà des plaines où l'on devine Aurillac ; et l'on ne sait s'il faut dire d'elle qu'elle est plus belle ou plus jolie : car sa grâce, toute faite de verdure, de lumière et de vie, s'impose aux regards autant que la majesté de ses proportions : c'est une grande dame qui passe en étalant à son aise l'ampleur de sa robe de cour ; c'est une bergère qui s'est parée pour quelque fête de Trianon.

Dispersées çà et là dans la vallée, quelques habitations attirent le regard, blanches pâquerettes émaillant l'universel tapis de verdure, ou vieilles murailles aux airs grognons qui semblent bouder la civilisation environnante.

. . . .

Traversez la Cère et tout de suite vous rencontrez le château de Comblat, auprès de la route qui longe en passant le pied de ses terrasses. Son donjon massif et carré qu'agrémentent quatre tourelles en corniche donne à la fois une impression de force et d'élégance. Ses premiers seigneurs connus étaient, au début du XIVe siècle, de la maison de Viescamp ; mais peu après l'héritière de cette maison apporta la seigneurie en dot à un riche marchand d'Aurillac, nommé Géraud Prallat : ce qui prouve que même à ces époques reculées l'aristocratie n'était pas fermée et qu'on pouvait s'élever comme aujourd'hui par ses mérites et son travail. Les Vixouzes, successeurs des Prallat, reconstruisirent vers 1440 le château dans la forme qu'il a vaguement conservée jusqu'à aujourd'hui. Puis vinrent les Cabanes qui jetèrent sur Comblat un certain lustre ; enfin les La Carrière occupèrent le château pendant tout le XVIIIe siècle jusqu'à ce que leur héritière unique l'ait apporté aux La Baume Pluvine qui le possèdent encore.

Que de familles le vieux manoir n'a-t-il pas vu passer, qui toutes croyaient pouvoir perpétuer leur race et dont un siècle ou deux ont eu raison ! Mais toutes n'ont pas disparu sans isser des traces profondes : si les Cabanes nt été de vaillants hommes de guerre, les La arrière surent à ce point mériter la confiance es rois et du peuple que pendant 100 ans, la olice du pays leur fut confiée.

De 1587 à 1665, Jean, Jacques et Paul, le rand-père, le fils et le petit-fils, ont écrit les rocès-verbaux de leurs chevauchées, léguant insi à leurs descendants, qui les conservent ans les archives du château de Comblat, un estament d'honneur et de droiture. [1]

IV

En quittant Comblat, suivez toujours des yeux a route jusqu'à ce que vous rencontriez le gros ourg de Polminhac que domine le château de esteils. Du haut de son robuste et large piéestal, la vieille forteresse semble tenir sous sa oi le village allongé dans la plaine, comme un rand chien couchant aux pieds de son maître. adis la position était très forte : partout le avin à pic, sauf sur la plate-forme qui donne ccès dans la cour ; mais de ce côté, des fossés

[1] Voir dans ce même volume notre article sur « le étier de gendarme en Auvergne. »

spacieux, des bâtiments de défense dont l
solides assises, subsistent encore, le porche pr
fond, où se voient les traces du pont-levis, to
atteste que le baron féodal qui se retranch
derrière ces murailles n'était pas homme à
laisser enlever d'un coup de main.

Cranement, le donjon carré pose sur ses se
étages sa toiture de machicoulis, comme u
bonnet de théologien, et domine le château
toute sa hauteur. Un escalier tournant da
l'épaisseur du mur donne à chaque étag
accès dans une large salle voûtée aux ne
vures ogivales ; et tout en haut, touchant
couronne des machicoulis, la dernière voû
se double en deux arceaux jumeaux qui tie
nent en regard l'un de l'autre l'écusson d
Cassaignes et celui de Pesteils. Mystérieu
et hautain ainsi qu'un burg allemand,
donjon féodal demeure impassible aujourd'h
au sifflet de la locomotive comme aux cris d
guerre d'antan. Et si les choses ont une âm
à quoi peut bien rêver ce vieux guerrier d
pierre, les pieds perdus dans le ravin sau
vage d'où sa haute taille émerge au-dessu
du torrent, tandis que son front s'épanouit a
clair soleil de la vallée, et qu'au sommet, bie
au milieu, une lucarne toute blanche lui donn

l'aspect d'un bon cyclope qui s'amuse au spectacle de la civilisation.[1]

« Le château ayant été incendié pendant les guerres contre les Anglais fut rebâti dans la première moitié du xve siècle ; et c'est de cette époque vraisemblablement que date le donjon ou tout au moins son dernier remaniement. Bien des gens s'étonnent de cette date relativement récente : mais outre qu'on ne sait jamais dans quelle mesure les anciens bâtiments ont pu être utilisés, il n'est pas sans intérêt de remarquer que dans nos régions montagneuses et lointaines l'architecture a toujours eu un siècle de retard. De cette construction, œuvre de la famille de Bénavent-Montamat, le donjon seul subsiste aujourd'hui, le reste des bâtiments ayant été détruit par les Huguenots peu de jours après la prise d'Aurillac pendant les guerres de religion.

Le château de Polminhac ne prit le nom de Pesteils qu'en 1510, lorsqu'il passa aux mains de cette famille ; plus tard, après qu'il eut été transmis par alliance à la maison de Cassaignes-Beaufort-Miramon, une ordonnance royale, con-

---

[1] Depuis la publication de cet opuscule des réparations ont transformé Pesteils.

servée dans les archives, le débaptisa encore pour l'appeler Miramon.

De l'autre côté de la vallée, trois châteaux superposés semblent tenter un à un l'escalade de la montagne, et la route, qui serpente du bord de la rivière jusqu'à la crête du plateau, les enveloppe l'un après l'autre dans ses replis. Tout en bas, le gai manoir de Clavières, coquettement enfoui dans la verdure et les fleurs ; à mi-hauteur, ce castel aux tons sévères qui regarde bien en face Pesteils et semble le surveiller jalousement, c'est Vixouzes ; enfin, sur le sommet, la vieille gentilhommière des Huttes, jadis pimpante, aujourd'hui délaissée, promène lamentablement sur la nudité des pâturages l'ombre élancée de ses murailles comme l'aiguille d'un cadran solaire géant.

Le jeune garde du corps Pagès des Huttes, surnommé le chevalier de Niérestang, était de service à Versailles, au pied de l'escalier qui menait aux appartements de Marie-Antoinette, dans la nuit du 6 octobre 1789, lorsqu'une horde d'assassins, trompant la fatuité confiante de La Fayette, envahit tout à coup le palais. Déjà ils touchaient à l'escalier de marbre. Des Huttes les apercevant et pressentant leur criminel dessein, donne l'alarme, et tandis que son compagnon Varicourt court prévenir la reine, le jeune léros auvergnat, seul dans les ténèbres, tient ète à la meute enragée. Une lutte violente s'engage : accablé sous le nombre, des Huttes ombe percé de mille coups. Varicourt, qui revenait à ce moment, subit le même sort, vic-ime d'un pareil dévouement.

Mais du moins la reine avait eu le temps de s'enfuir et ce ne fut qu'un lit vide que les assas-sins fouillèrent à coup de piques. On sait le reste : pour se venger, les émeutiers décapitè-rent les deux gardes du corps ; et quand le len-demain le roi et les siens, escortés par la popu-ace, reprirent la route de Paris, les têtes de ces lévoués serviteurs précédaient, lugubre trophée, e carrosse royal entrant dans la capitale.

V

Abaissez maintenant votre regard sur la plaine, en suivant le cours de la Cère, et con-sidérez combien la nature présente parfois, avec es hommes qui ont grandi sur son sol, un con-raste bizarre. Cette gracieuse bourgade d'Yolet que vous apercevez, coquettement enfouie sous a verdure des jardins, avec cet air de gaieté insoucieuse propre aux contrées qui n'auraient pas d'histoire, a cependant donné naissance à l'un des personnages les plus sinistres dont les annales de la France aient gardé mémoire : citer le nom de Jean-Baptiste Carrier c'est faire courir dans la moelle de chacun ce même frisson de terreur que l'évocation de Croquemitaine procure aux enfants. Le farouche proconsul, inventeur des noyades de Nantes et des « mariages républicains », est resté le plus célèbre et le plus universellement exécré de ces pourvoyeurs de la mort qui poussèrent tout à coup sur le sol troublé de la France et disparurent heureusement bien vite, comme ces champignons vénéneux qu'on voit paraître après l'orage. Il naquit le 16 mars 1756, de cultivateurs aisés, mi-propriétaires, mi-tenanciers du marquis de Miramon, baron d'Yolet. Un de ses oncles, chapelain du château de Pesteils, lui donna les premières notions du latin et le fit entrer, grâce à l'appui de son seigneur, à l'ancien collège des jésuites d'Aurillac. Il voulait en faire un prêtre : il en fit un procureur, d'ailleurs fort modeste, auquel ses déclamations haineuses contre le trône et l'autel valurent plus de célébrité que son étude ne rapporta d'argent. Il serait oiseux de rappeler ici les phases sanglantes de sa carrière révolutionnaire qui ne dura pas plus de deux années et fut cependant encore trop longue pour les deux mille victimes qu'il envoya à la mort.

Il monta en décembre 1794 sur l'échafaud où l'avait précédé un autre enfant de la vallée, Jean-Baptiste Coffinhal, le vice-président du tribunal révolutionnaire à Paris. Coffinhal avait pour père un avocat estimé du baillage de Vic-sur-Cère et appartenait à une famille originaire des plateaux du côté de Badalhac. Il fut avec son collègue Dumas, le loustic de la guillotine, et les plaisanteries meurtrières de ces deux sinistres compères, répétées parmi le rire bestial de la foule, accompagnaient les condamnés jusque sur le lieu du supplice. C'est Coffinhal qui, prononçant l'arrêt de mort d'un pauvre diable de maitre d'armes, lui dit : « Tu es prévôt, mon vieux, eh bien pare-moi cette botte-là. » C'est lui qui, à l'illustre chimiste Lavoisier demandant un sursis pour terminer une expérience, fit cette réponse tristement historique : « La République n'a pas besoin de savants. » Entraîné dans l'effondrement de Robespierre au 9 thermidor et réfugié à l'Hôtel de Ville, il sut retrouver à ce moment suprême l'énergie de la race montagnarde, et pris de dégoût, précipita par la fenêtre l'ignoble et défaillant Hanriot. S'étant échappé, il réussit à passer sur un des îlots de la Seine. Là, pendant plusieurs jours, accroupi sous la pluie battante, il se nourrit des animaux crevés et des détritus que l'eau y déposait. Quand il eut épuisé ces horribles provisions, il rentra en ville à la faveur de la nuit et tenta de demander asile à un de ses anciens obligés. Cet espoir fut déçu, et son hôte le livra au bourreau, qui fit tomber sa tête au milieu des quolibets de l'assistance. Cet homme ne méritait ni la fidélité de la reconnaissance, ni le respect de la foule.

La vallée de Vic, vous le voyez, a fourni amplement au régime de la Terreur son contingent de grands hommes. Cependant il ne faudrait pas en conclure que ce pays ait été plus durement éprouvé qu'un autre par la tourmente révolutionnaire. L'Auvergnat, émigrant et pratique, exportait ses enfants trop turbulents pour leur permettre de satisfaire ailleurs leurs instincts sanguinaires ; et s'il en voulait à la fortune des proscrits, il se souciait assez peu de leur tête. La période révolutionnaire dans le Cantal fut l'occasion d'une fructueuse opération commerciale, et si les biens des ci-devant furent facilement déclarés nationaux et rapidement absorbés, il n'y eut guère, ce qui est déjà trop, que cinq ou six exécutions capitales.

L'ancien château d'Yolet était une solide forteresse qui eut sa petite batterie d'artillerie peu de temps après l'invention de ce nouveau mode de défense : il fut entièrement ruiné lors des guerres de religion ; et voici le récit émouvant qu'un historien donne de cette catastrophe :

« Yolet avait alors pour Seigneur le huguenot Jean de Malras. Apprenant que l'on assiégeait son manoir, il accourut et chercha à s'y introduire. Saint-Hérem averti crut devoir le laisser pénétrer avec ses partisans afin de pouvoir les écraser tous ensemble d'un seul coup. Puis les six couleuvrines du gouverneur firent feu sur les murailles pendant toute la nuit. Le lendemain, deux brèches étaient ouvertes, l'assaut se donna, et, malgré les prodiges de valeur des assiégés la forteresse fut prise et la garnison passée au fil de l'épée. Malras s'était battu en désespéré et jusqu'au dernier moment on l'avait vu au premier rang : mais, chose extraordinaire, on ne le retrouva ni parmi les prisonniers, ni parmi les morts. Toutefois, Saint-Hérem, qui tenait surtout à cette capture, fit entourer le château par ses meilleures troupes, bien convaincu que le chef était caché et finirait par être pris.

Malras, en effet, dès qu'il eut jugé la partie perdue, s'était réfugié avec Géraud Nauthonier, son frère de lait, au fond d'un souterrain, situé au-dessous des caves du château. Connaissant seul ce mystérieux réduit, le capitaine protestant en savait aussi l'unique issue qui débouchait près d'un soupirail de l'église. Malheureusement, près de là se trouvait établi un poste ennemi, et bonne garde y était faite. Ils passèrent ainsi quatre jours, sans boire ni manger, entendant au-dessus de leurs têtes le fracas des murailles et des murs s'écroulant sous la pioche des démolisseurs ; car le repaire pris, le gouverneur avait immédiatement ordonné sa destruction. Mais les tourments de la faim et de la soif devinrent tels que, mourir pour mourir, les deux calvinistes décidèrent qu'il fallait chercher dans l'évasion une dernière chance de salut.

Le compagnon de Malras songea alors à un stratagème que son dévouement lui suggéra: il prit les vêtements de son maître et le força à se couvrir des siens, Puis, la nuit venue, les deux hommes rompirent doucement la croûte de terre qui les séparait du soupirail et sortirent de leur retraite en rampant sur le sol. Mais la nuit était claire et la lune les trahit. Une vedette voisine, ayant aperçu ces deux ombres indécises, tira un coup de mousquet qui donna l'alarme. Malras et Géraud se mirent alors à fuir chacun du côté opposé, afin de diviser l'attention des soldats. Malras, toujours de sang-froid, se jeta derrière une masure, de là gagna une grande pièce de blé et se sauva. Mais Nauthonier qui, dans sa course s'était rapproché des sentinelles, reçut plusieurs arquebusades. Grièvement blessé et affaibli par la perte de son sang, il fut saisi sans résistance. Du reste, on n'a jamais bien su si ce noble serviteur n'avait pas volontairement choisi une direction semblable, afin d'occuper les soldats et leur faire abandonner toute autre poursuite. C'est exactement ce qui arriva. Les assiégeants, trompés par le costume et croyant avoir mis la main sur Malras, dédaignèrent le second fugitif et s'empressèrent de mener leur prisonnier à Saint-Hérem. Il paraît que Géraud, parent éloigné de Malras, tenait de la nature quelque ressemblance de taille et de figure avec son chef ; tandis que par l'effet d'une fréquentation prolongée il en avait pris les manières et presque le langage. On ne doit donc pas s'étonner que la substitution ait été facile : de fait, tout le monde s'y trompa. Au point du jour, disent les chroniques, une potence fut dressée devant la porte principale du donjon à moitié démoli. Le captif, qui d'un seul mot aurait pu probablement sauver sa vie, monta tranquillement sur l'estrade. Arrivé là, on le vit jeter un long regard sur la campagne : puis, comme satisfait du silence qui y régnait, il passa lui-même la corde à son cou, et fut pendu haut et court, ainsi qu'on disait alors.

L'erreur sur la personne fut si complète que bien des historiens ont cru que Malras avait été exécuté sur les ruines de son donjon. Cependant, quinze années plus tard, le huguenot faisait encore parler de lui et se comportait si vaillamment sur le champs de bataille d'Ivry qu'Henri IV le créa baron d'Yolet,

VI

Au dessous d'Yolet, le bassin nourricier de la Cère se resserre, comme hésitant avant de se confondre avec les vastes plaines ou les vallées parallèles viennent également déverser leurs eaux. Regardez sur la gauche, en passant, le beau château de Caillac, puis sur la droite, le coquet castel de Carbonnat qui fut, en 1577, le théâtre d'un combat sanglant entre catholiques et huguenots. Voici devant nous la petite ville d'Arpajon qui barre l'entrée de la vallée et, sentinelle immuable, semble y monter la garde comme Aurillac à la porte du vallon de Saint-Simon.

Aux pieds de la jolie bourgade, dans des prairies renommées par leur fertilité, la Cère mêle ses eaux à celles de la Jordanne descendant d'Aurillac. Désormais, la rustique rivière roulera dans ses eaux des parcelles d'or que son affluent lui apporte de la ville et que n'arrête plus l'industrie aujourd'hui disparue des orpailleurs. Il est bon de vous expliquer qu'autrefois la Jordanne contenait en abondance des parcelles d'or que des industriels spéciaux recueillaient au passage en tendant des peaux de mouton en travers du cours de la rivière. C'est même à cette particularité que la ville d'Aurillac aurait emprunté son nom *Auri lacus*, lac d'or. M'étant promis d'être sincère je ne vous garantis pas l'authenticité de l'étymologie ; mais le fait historique est vrai et n'allez pas croire que je vous serve à point une reconstitution auvergnate de la vieille légende de la toison d'or. Seulement, en vieillissant, la rivière est devenue plus avare, les orpailleurs ont abandonné un métier trop peu lucratif : et puisque aujourd'hui le temps vaut de l'or, je ne vous conseille pas de perdre le vôtre à chercher dans la Jordanne quelques débris du métal précieux. Comme je ne suis pas minéralogiste, je n'entreprendrai pas de vous expliquer scientifiquement la présence de ces paillettes dans les flots d'un torrent montagnard : je préfère vous conter simplement à ce sujet deux légendes locales.

La première remonte bien haut, à l'époque où le christianisme n'avait pas encore pénétré dans ces contrées. Une peuplade guerrière du haut pays était descendue jusque dans les plaines fertiles qu'arrose le Lot, et y avait fait un butin considérable. Pour mieux cacher ces richesses, on avait fondu l'or des objets précieux, on l'avait réduit en petites parcelles et enfermé dans des outres que portaient les chevaux. Mais l'ennemi poursuivait les ravisseurs l'épée dans les reins et les rejoignit dans le fond de la vallée de Mandailles, où il fallut bien se décider à livrer bataille. Les Auvergnats, écrasés par le nombre, n'eurent que le temps de jeter leurs outres dans les gouffres de la rivière et furent exterminés jusqu'au dernier. La déesse de la Jordanne aurait bien voulu garder ces trésors ; mais elle eut des scrupules et s'en alla consulter sur ce cas un vieux druide de la contrée, renommé pour sa sagesse. Le saint homme lui démontra qu'elle n'avait pas le droit de s'approprier ce qui n'était qu'un dépôt. Seulement, dans la crainte de pervertir les habitants du pays, race pauvre jusqu'alors, en répandant d'un seul coup le métal corrupteur, il lui conseilla de ne rendre que petit à petit ces richesses. Depuis ce jour la rivière, obéissante et vertueuse, roule des paillettes d'or.

Cette légende dénote une délicatesse et un esprit de prévoyance, devenus plus rares à présent. Je la dédie à ces chercheurs fiévreux qui se lancent chaque jour dans l'exploitation de nouvelles mines d'or, sans prendre garde qu'ils finiront peut-être par encombrer le marché et avilir le métal qu'ils s'efforcent de trouver partout.

La seconde légende est moins édifiante et sent diablement le roussi. Elle prend son origine dans les accusations de sorcellerie que les contemporains ignorants et crédules de Sylvestre II portèrent parfois contre ce pape, aussi pieux que savant. C'était du temps que ce grand pontife n'était encore que le moine Gerbert, religieux de l'abbaye de Saint-Géraud, à Aurillac : et le démon, avec qui, suivant la légende, il avait fait un pacte, lui suggéra l'idée de convertir au paganisme le doyen du monastère. Mais tous les raisonnements échouèrent contre la foi robuste du bon prêtre : « Eh bien, lui dit un jour Gerbert, à brûle-pourpoint, croirez-vous en moi, si j'accomplis devant vous un miracle ? » — « Certainement, lui répondit le doyen. » — « Suivez-moi donc. » Et le voilà qui entraîne sa victime, au-delà de Saint-Simon, jusqu'en un lieu solitaire, où le lit de la Jordanne est particulièrement étroit. Là, prenant une baguette de coudrier il traça au-dessus de l'eau une foule innombrable de cercles, en prononçant des mots magiques. Soudain, sur chaque rive, la roche s'entrouvrit livrant passage à deux torrents d'or qui envahirent le lit de la rivière et transformèrent ses eaux limpides en une traînée fauve d'une éblouissante clarté. Le saint homme épouvanté se jeta à genoux, les bras en croix : ce signe de foi suffit à confondre l'esprit malin : immédiatement le charme cessa, et Gerbert vaincu battit en retraite. Mais à dater de ce moment la Jordanne n'a cessé de charrier des vestiges d'or en mémoire de la victoire de Dieu sur le démon.

VII

Nous voici parvenus au but de notre course en suivant la Cère, qui désormais ne nous appartient plus. Elle a mêlé ses eaux à celles de la Jordanne, elle est entrée dans des vallées étrangères à celle de Vic, et d'ailleurs notre regard se brise contre les collines escarpées des cantons de Saint-Mamet et de la Roquebrou qui ferment l'horizon et parmi lesquelles la Cere se fraye un étroit passage. Entre deux murailles de rochers taillés à pic, si hautes que l'œil n'en devine guère le sommet, si resserrées qu'elles laissent à peine entrevoir un coin du ciel, la jolie rivière, devenue un torrent sauvage, se précipite à grands fracas vers les plaines riantes de Bretenoux, comme pressée d'échapper à un cauchemar.

Laissons-la courir à ses destinées et reportons nos regards au-dessus de Vic vers la partie supérieure de la vallée. Mais il faudra abandonner le poste d'observation où je vous ai placés au col de Curebourse : car la vallée, en se rapprochant des sources de la Cère, devient trop étroite et trop profonde pour qu'on puisse désormais l'embrasser d'un seul coup d'œil. Suivez-donc avec moi la crête des montagnes dans la direction du Plomb du Cantal : la promenade sera peu fatigante, et d'ailleurs combien pittoresque et instructive [1] !

Devant vous et sur votre droite s'étendent à perte de vue les grands plateaux solitaires et dénudés, que recouvre seul un épais tapis de gazon et dont l'uniformité n'est coupé que par de longs rubans de murailles en pierres sèches, basaltiques et noires. Ces murailles séparent les étendues de paccage réservées à chaque troupeau. Si vous êtes curieux des spécialités des pays que vous visitez, soyez satisfaits : car vous allez pouvoir contempler à votre aise tous les détails de la vie pastorale chez les Auvergnats.

Remarquez dans chaque portion de pâturage ces deux teintes bien distinctes correspondant à deux qualités d'herbage. L'une, d'une verdure plus pâle, souvent presque jaunâtre, est la plus éloignée des bâtiments, celle où les animaux vagabondent librement pendant le jour ; l'herbe y est plus dure, plus maigre : c'est le « Poil de Bouc » qui pousse dans les « ayguades ». L'autre portion arbore un vert plus éclatant : dans leur

---

[1] Pour aller du col de Curebourse au lieu de la Tuillière, où se trouve une petite auberge, il faut environ une heure et demie de marche tranquille, sans se presser.

patois, nos montagnards l'appellent la « fumade », et ce nom expressif me dispense de vous expliquer quelle sorte de service les vaches rendent à ce coin de gazon sur lequel on leur fait passer la nuit. On les enferme à cet effet dans des parcs carrés, de peu d'étendue, composés de claies liées les unes aux autres, et qu'on change de place chaque soir en les faisant pivoter sur un de leurs côtés. Ainsi les vaches couchent à la belle étoile depuis le 25 mai, époque de la montée, jusque dans la première quinzaine du mois d'octobre qui les voit redescendre à la ferme, et les jeunes animaux ont seuls droit à un abri dans une étable exiguë et primitive. Vous n'avez qu'à regarder autour de vous, si vous désirez voir une vacherie : elles émaillent les plateaux que vous traversez.

Remarquez cette race rustique et forte, au poil roux, presque rouge, dont Salers fait sa gloire et qui, pour fournir régulièrement à la traite son appoint de chaque jour, n'a besoin ni de soins raffinés, ni d'un climat bien tempéré. Chaque troupeau paît librement dans l'enceinte que défend mal la clôture douteuse des murs souvent écroulés, et sous la garde de bambins de douze à quatorze ans : mais si grande est la force de l'habitude que rarement des vaches qui se respectent se permettront d'aller tondre le gazon du voisin. Par contre, lorsque leur instinct les avertira que l'heure de la traite approche, rien ne saurait les empêcher de s'assembler comme un bataillon en marche et, sous la conduite des plus vieilles, de se diriger vers le parc où elles seront enfermées. Le parc est là-bas sur les revers du plateau, et cette petite agglomération de bâtiments à peine dignes de ce nom, qui se confondent souvent avec le repli du terrain dans lequel ils sont blottis, c'est la capitale de ce modeste état. Voici le « védélat », grange minuscule, composée d'une étable où l'on rentre les veaux, et d'un grenier sous la toiture où l'on conserve quelques poignées de foin sur des branchages, et où le personnel de la vacherie s'organise tant bien que mal des couchettes en travers des poutres. Près de l'écurie, se trouve généralement une sorte de cour fermée par des amoncellements de pierres et de branches, où le bétail se réfugie quand la tempête souffle avec trop de violence : on la nomme le « frontadou ». Tout contre est la porcherie. Enfin ce bâtiment, de forme basse et allongée, à demi enfoui dans le sol, et qui se profile à la lumière comme un blaireau sortant de son trou, c'est le centre de l'exploitation, la pièce principale, le buron. Entrez ; sur le seuil de son palais le vacher est là pour vous recevoir, véritable roi de ce royaume en miniature, et dont l'autorité est aussi incontestée que celle du capitaine à bord de son navire, Il a sous ses ordres un lieutenant qu'on nomme le « bouteiller » et tout le bataillon des petits bergers. Pendant toute la belle saison, ce groupe minuscule ne voit guère de visage étranger, en dehors des visites que fait chaque quinzaine le fermier pour apporter quelques provisions. Pourtant, soit détachement d'une âme contemplative, soit routine de l'isolement, le vacher ne témoignera aucun transport de joie à votre vue : heureux s'il sait assez bien s'exprimer en français pour vous faire les honneurs de sa demeure. Le buron se compose de deux pièces disposées à la suite l'une de l'autre. La première, qui s'éclaire par la porte d'entrée, sert à la fois de cuisine, d'atelier à fabriquer le fromage, et parfois de chambre à coucher. Les ustensiles qui servent à l'industrie du lieu sont des plus rudimentaires : voici dans un coin les cuves de bois où le lait est en train de cailler ; plus loin, ces énormes pièces de bois que surmontent des quartiers de rochers, sont les presses destinées par l'effort continu de leur poids à égoutter le fromage ; voici le baquet où le vacher pétrit et triture la pâte, s'agenouillant souvent dessus pour y mieux parvenir. On a bien cherché depuis quelques années, et on est parvenu à perfectionner cet outillage ; mais les vieux fermiers vous diront que pour la qualité de la fabrication, rien ne remplace le contact du genou de l'homme. Peut-être aussi, avant de quitter ce réduit, vous heurterez-vous contre le lit du vacher, grabat primitif, que soutient quelque escabeau boiteux, quelque grosse pierre et parfois même quelque pièce de fromage faite de bonne heure et qui tout doucement achève ainsi de mûrir.

Maintenant faites-vous ouvrir par le vacher la porte du fond et découvrez-vous avant d'entrer : car c'est ici le sanctuaire, la cave où se conservent les fromages avant d'être descendus à la ville chez les gros marchands. Sur de larges planches supportées par des pierres, de gros blocs jaunes sont alignés, ressemblant vaguement, dans l'ombre, à des citrouilles aplaties. C'est la fameuse « Fourme » du Cantal, qui se fabrique par pièces variant de soixante-dix à cent livres. Il y a deux façons de la faire, qui ne diffèrent guère, d'ailleurs, que par la dimension des moules : la vieille forme du pays, la plus répandue, est aussi la plus massive ; la forme, dite de Laguiole, a plus de hauteur, mais son diamètre est moindre. L'une est plus majestueuse, l'autre plus élégante : mais aucune ne demande un système de fabrication bien compliqué ni bien luxueux. Peut-être, en sortant, serez-vous frappés du peu de confortable qui règne dans ces burons, et ne vous sentirez-vous qu'une médiocre envie de manger le fromage qui en provient. Vous auriez tort : car s'il est avantageux pour le producteur de fabriquer à moindres frais, le consommateur, de son côté, ne semble pas s'en plaindre ; et nos fromages, qui, dans la première moitié du siècle dernier, se vendaient de treize à vingt livres le quintal, atteignent régulièrement de nos jours le prix de cinquante francs et s'élèvent même jusqu'à soixante-dix francs. Les procédés que vous voyez employer par nos vachers sont aussi vieux que l'existence même de la vie pastorale dans ces montagnes. Dès 1730, les intendants royaux ont cherché à introduire des améliorations et ont fait venir de Suisse et de Hollande des hommes expérimentés dans leur art pour donner des leçons aux paysans auvergnats ; au commencement du siècle, la Société d'Agrigulture du Cantal renouvela ces essais.

Mais le succès ne couronna aucune de ces tentatives, et l'on en revint à la vieille routine, reconnue la plus pratique. Du moins, dans les burons, la fraude est aussi inconnue que le luxe : et la bonne nature aura toujours sur les perfectionnements de la civilisation l'avantage d'être plus saine et d'éloigner du consommateur les dangers d'empoisonnement qui sont inhérents aux produits falsifiés.

VIII

Rien ne ressemble à un buron comme un autre buron, et d'une « montagne » à sa voisine la différence n'est pas grande. Mais si vous êtes fatigués de la monotonie des plateaux, vous n'avez, pour vous reposer, qu'à jeter les yeux sur le magnifique spectacle qu'à votre gauche offre la vallée de Vic.

Au dessous de vous, par les gigantesques crevasses qu'ont creusées aux flancs de la montagne les torrents séculaires, vous entreverrez bien loin, bien bas, les habitations éparses dans la vallée et vous suivrez irrésistiblement des yeux ce ruban blanchâtre, à peine perceptible, presqu'un fil, qui, contournant les obstacles par mille replis sinueux, s'accrochant aux flancs du avin, remonte d'un effort opiniâtre vers les ources de la Cère : c'est la route nationale, ui semble, à distance, n'être qu'un infime senier battu par les chèvres. Plus haut, sur la rête opposée de la vallée, la dentelure des ics se détache sur le ciel clair comme les crocs l'une mâchoire géante ; et durant ces époques abuleuses où les Titans luttaient contre la erre, bien terrible devait être la morsure de la lent du *Griou*, ce pic solitaire qui dresse devant ous sa pointe aiguë et menaçante.

Dans le fond de la vallée, entre Thiézac et Vic, mais plus près de cette dernière ville, deux hâteaux ennemis se regardaient jadis les yeux lans les yeux par-dessus l'abîme béant qui les éparait, comme deux lions accroupis et prêts se jeter l'un sur l'autre. Sur les fondations de 'un, qui se nommait *Trémoulet*, d'assez vastes bâtiments existent encore, et la ligne du chenin de fer les frôle presque en passant ; l'autre nommé Muret, était situé sur la plate-forme presque inaccessible d'un gros rocher basaltique qui domine la route nationale. Les châtelains se haïssaient profondément : et la Cère qui bouillonnait frémissante entre les deux repaires, au fond du *Trou de Gournion*, n'était qu'une faible image de la violence de leurs ressentiments. S'il faut en croire la légende, le sire de Muret, de la maison de Tournemire, s'avançait chaque matin sur le bord de son rocher, et là, à l'aide d'un porte-voix, s'amusait à narguer son voisin de Trémoulet et à lui crier mille sottises. Celui-ci écumait de rage impuissante : car les armes à longue portée n'étaient pas encore inventées. Mais il avait remarqué que son ennemi, pour lui chanter son antienne à son aise, avait l'habitude de s'appuyer contre un petit arbre sur le bord du précipice. Le désir de la vengeance rend ingénieux ; il fit tant par ses manœuvres, qu'il séduisit un des gens du seigneur de Muret et le décida à scier à demi l'arbre, pendant la nuit. Aussi lorsque le lendemain le pauvre Tournemire, sans défiance. vint se livrer à son sport quotidien, son poids acheva de casser l'arbre ; il roula dans l'abîme, et à sa dernière injure le cri de triomphe de son adversaire répondit.

Les Tournemire étaient destinés aux morts violentes : mais il est juste de reconnaître qu'ils fournissaient eux-mêmes le bâton pour les battre. Vers 1574, le châtelain de Muret, fils, je crois, du précédent, ayant vu venir chez lui un sergent pour lui signifier un mandement de justice, le fit saisir par ses gens, et comme le malheureux s'appelait « Loup », il donna l'ordre qu'on lui coupât le poignet, en disant : « Jamais loup n'est entré chez moi, sans y laisser la patte. » Là-dessus, il fit tranquillement clouer la main mutilée à la porte de son logis. Mais la punition ne se fit pas attendre. Le roi, informé de ce crime, enjoignit au juge d'appeaux du Carladez de poursuivre le coupable. Tournemire paya de sa tête son acte de sauvagerie, et son château fut rasé. Ce qui prouve que, même à ces époques lointaines, les seigneurs ne pouvaient pas impunément se passer leurs fantaisies criminelles, ainsi qu'on cherche à l'accréditer aujourd'hui ; et c'est pourquoi vous ne voyez plus, sur la plate-forme du rocher, qu'un grand tilleul touffu qui marque l'emplacement du donjon féodal.

IX

En remontant au-dessus du Pas-de-Cère, je ne vois plus aucune habitation à laquelle se rattache un souvenir historique intéressant. Voici Thiézac, gros bourg bien situé et de belle apparence, qui aurait sans doute joué un rôle plus important s'il n'avait été si rapproché de Vic, et qui, pour faire parler de lui, s'est offert deux fois déjà, au XIIe et au XIXe siècle, le luxe d'un éboulement.

Après Thiézac, vous rencontrez encore le bourg de Saint-Jacques, le dernier de la vallée. Puis le bassin se resserre, les pentes deviennent plus ardues. Sur la grande route, le cheval trouve le fardeau de la voiture plus lourd ; sur la voie ferrée, la locomotive est plus haletante; et bientôt l'un et l'autre, l'animal au-dessus, la machine au-dessous, ainsi qu'il sied à l'ordre des préséances, vont s'engouffrer dans l'interminable tunnel du Lioran, qui donne accès sur l'autre versant des monts du Cantal.

Avant que le Lioran ne fût percé, la route s'élevait bien davantage et passait sur le sommet de la montagne, au col des Chazes. Mais le chemin primitif de Vic à Saint-Flour était précisément celui que je vous fais suivre en ce moment sur la crête de la vallée. A peine en retrouvez-vous la trace parmi les pâturages : d'ailleurs, ce n'était pas une grande route, mais à proprement parler une *estrade*, qui suffisait aux besoins de nos pères. Du col de Curebourse, il se dirigeait sur la *Chapelle du Cantal*, au point culminant des plateaux, pour obliquer ensuite, à droite, vers la ville épiscopale. En passant à la hauteur de Thiézac, dans le hameau de La

huillière, on acquittait un droit de péage pour
entretien de ce chemin rudimentaire. Ce ha-
ıeau, ou plutôt cette maison, existe encore :
est le point le plus solitaire et le plus élevé
ù, dans cette contrée, des êtres humains conti-
uent de demeurer pendant la rigoureuse saison.

Tout auprès, ce lit de torrent est le chemin
brupt et rocailleux par où l'on descend à Thié-
ıc, en passant au Casteltinet. Nous le suivrons
our nous en retourner, à moins que vous ne
référiez revenir sur vos pas.

X

C'est le long de ce sentier, s'il faut en croire
ı légende, que Charles de Brezons, lieutenant
u roi, descendait, dans la nuit du 1er septem-
re 1561, pour se rendre à Aurillac. Le farou-
he gentilhomme, qu'on a surnommé le *des*
Adrets du parti catholique en Haute-Auvergne,
llait réprimer les commencements de désordre
ui s'élevaient entre papistes et huguenots.
Avant d'arriver au hameau de *La Goutte*, il
'engagea dans un passage désert, au pied de la
oche basaltique, ou des éboulis de terrain, le
ravail des torrents en hiver, peut-être même
uelque cataclysme des époques préhistoriques,

ont produit les effets les plus saisissants : poin
les aiguës de rochers s'élançant vers le ci
pareilles à des flammes, silhouettes de castel
bizarres, comme ceux qu'évoque, en ses des
seins, l'imagination puissante de Gustave Doré
dômes byzantins, tours à demi écroulées, forme
vagues de fantômes enveloppés dans leurs lin
ceuls et qu'on croirait voir surgir de terre, tel
qu'en la vallée de Josaphat : voilà le spectacl
fantastique que ce coin perdu de la montagn
présente tout à coup au voyageur et dont l
clair de lune devait dramatiser, aux yeux d
sire de Brezons, l'impressionnante beauté.

Son imagination, surexcitée par l'obscurité
et sans doute aussi le trouble d'une conscienc
un peu noire frappèrent ses sens de terreur e
le livrèrent aux plus effroyables visions. Soudain
il voit apparaître, autour du ravin, la meut
infernale du Grand Veneur, qui hante la nui
les forêts de Brezons depuis le fratricide accompl
par le seigneur vers 1400, et qui vient pour
suivre, jusqu'en dehors de ses domaines, l'héri
tier de la race coupable. Les chiens haletants
la gueule en feu, passent ainsi qu'une trombe
des piqueurs en livrée rouge comme braise
dont les yeux jettent de fulgurants éclats, se
précipitent sur leurs traces, la trompe aux

vres : et derrière eux, le Grand Veneur en
ıbit écarlate, avec un cliquetis d'os qui s'entre-
ioquent, surgit soudain dans l'emportement
un galop furieux. Il passe en frôlant le sire de
rezons ; sa bouche alors laisse échapper un
canement mauvais, et un tournoiement de la
tête de son grand cheval noir renverse à terre
malheureux. Cependant les gens de la suite
Brezons se précipitent pour relever le capi-
ine, étonnés de lui voir la mine livide et l'œil
ıgard : car cette chevauchée a passé silen-
euse, et seul le gentilhomme mécréant a perçu
ıorreur de la vision vengeresse.

La tradition ajoute qu'il fallut porter le lieu-
nant du roi, plus mort que vif, jusqu'à Thiézac,
il coucha. Le lendemain, il partit pour Auril-
c ; là il se signala par une série de vexations
de meurtres, et fut ainsi la cause de la réaction
otestante de 1569, qui plongea la malheureuse
é dans de nouvelles et plus épouvantables
rreurs. Il est bon d'ajouter que la mémoire de
ıarles de Brezons a été noircie à plaisir par des
rivains intéressés à le faire : et d'aucuns pré-
ndent qu'il ne fut pas le grand criminel dont
rle la légende formée autour de son nom,
ıis simplement l'exécuteur rigide d'une con-
ne sévère.

Quoi qu'il en soit, l'entrée du sire de Brezons à Aurillac, en 1561, marqua les débuts des guerres religieuses dans nos montagnes. Elles donnèrent lieu à bien des scènes de mort et d'incendie, et la vallée de Vic a conservé le souvenir de quelques épisodes fameux.

Précisément dans les parages où vous êtes se livra un combat dont le héros fut le capitaine *Merle*, ce successeur des Aymerigot-Marchès, des Badefol, des Villandrando, de tous ces « rois des pillards » qui étaient en même temps de grands hommes de guerre. Voici le fait, tel que le raconte *Imberdis*, l'auteur des *Guerres religieuses en Auvergne* :

Un convoi considérable de munitions de guerre et de bouche se rendait à Vic-sur-Cère dont les Huguenots voulaient faire une place d'armes à cause de sa situation avantageuse pour leurs projets futurs contre Murat et Aurillac.

Le capitaine Merle conduisait lui-même le convoi. Le seigneur de Brezons-Neyrebrousse qui commandait un fort détachement de catholiques, lui tendit une embuscade dans une gorge profonde, au-dessous de Thiézac. La troupe protestante hâtait sa marche pour franchir ce passage dangereux. Déjà elle atteignait l'extré mité du défilé, lorsque des sons guerriers se font entendre au-dessus de sa tête : une décharge de mousqueterie les accompagne ; l'avant-garde d'un escadron paraît à la sortie de la gorge. Merle se décide avec autant d'habileté que d'audace. Après avoir ordonné de couper les traits des mulets attelés aux caissons et de les lâcher à l'aventure, il enjoint à ses cavaliers d'aborder les catholiques, de se faire jour et de fuir bride abattue jusqu'à ce qu'il crie halte. Ces ordres sont admirablement exécutés ; la troupe huguenote charge, est deux fois repoussée, perd vingt hommes, et s'échappe enfin à toute vitesse, livrant le convoi.

Mais au bout d'une demi-heure de galopade, Merle remarque qu'il n'est pas poursuivi : « Parbleu, se dit-il, les ennemis s'occupent à piller le convoi et à défoncer les tonneaux de vin : dans une demi-heure ils seront ivres-mort. » Alors il rassemble sa troupe, revient sans bruit vers le lieu du combat, et soudain lance ses cavaliers en criant : « Tue, tue ! »

Le vieux routier avait deviné juste. La gorge était pleine de pochards et de soldats désarmés ; ce fut une boucherie. Neyrebrousse forma bravement un carré de gentilshommes et soutint l'attaque ; mais il fut tué par Merle lui-même, et la jeune noblesse hachée... Il y eut assez de prisonniers pour que Merle se consolât de la perte de son convoi, soit avec les rançons, soit avec les dépouilles opimes, fruit de sa victoire.

Si je ne me trompe, ce stratagème, aussi infaillible qu'enfantin, a eu de nos jours les honneurs de l'opérette, et Halévy, qui n'était cependant pas un grand général, a eu lui aussi, lorsqu'il écrivait *le libretto* de la *Grande duchesse*, l'idée géniale du capitaine Merle : ce qui prouve, comme un conte de Perrault, que rien n'est nouveau sous le soleil et que les procédés les plus simples sont encore les meilleurs.

Tandis que je vous fais ces récits, nous sommes arrivés sur le palier de la gare de Thiézac où vous pouvez prendre le train pour rentrer à Vic. La promenade que vous avez faite vous a peut-être semblé un peu fatigante ; mais vous ne vous plaindrez, j'en suis sûr, ni de la beauté des sites, ni de leur originalité. Reposez-vous cette nuit et demain j'aborderai la seconde partie de mon petit cours d'histoire.

XI

Il faudra aujourd'hui nous éloigner un peu et prendre une voiture. Nous passerons sans nous arrêter à notre observatoire d'hier, à moins que vous ne désiriez vous rafraichir à l'auberge de Curebourse : jadis il eût fallu y acquitter un droit de péage. Nous voilà de nouveau sur les plateaux de gazon, ayant devant nous, dans le lointain de l'horizon, les montagnes de l'Aveyron.

Au fond des ravins, après avoir patiemment suivi les innombrables replis de la route, nous traversons le bourg de Jou-sous-Monjou.

Ce nom dérive-t-il du latin *Jovis* et indique-t-il que ce lieu était consacré jadis au culte de Jupiter ? Les étymologistes le prétendent, la tradition le murmure ; aucun texte ne le prouve. Non loin de là est le village de Monjou, avec une butte où se trouvent les ruines du château seigneurial, C'est là aussi sans doute que s'élevait le temple dédié au maître de l'Olympe : car la composition du mot Monjou, « Mons Jovis », donne à cette hypothèse des apparences de probabilité. Dans des temps moins fabuleux, les prêtres du faux dieu furent remplacés sur ce rocher par une famille puissante de gentilshommes qui posséda plusieurs des plus belles seigneuries de la contrée, entr'autres la place forte d'Escamels, dont les ruines sont en dessous de Jou et le château de Cropières dont je vous parlerai longuement tout à l'heure. Les sires de Monjou étaient de fiers hommes d'armes, d'humeur batailleuse, qui eurent parfois des démêlés avec la police. L'un d'eux même, dans la première moitié du XVIe siècle, s'était fait chef de brigands et rançonnait le pays à la tête de sa bande. Comme il est juste que le crime soit puni, il fut pris un jour, avec six des siens, dans les environs de Carlat, par la maréchaussée et condamné à avoir la langue coupée comme parjure, et à perdre le poing pour avoir rossé les sergents : après quoi il devait être décapité. Comme on le voit la justice ne badinait pas à cette époque. Heureusement pour les condamnés qu'il y avait loin du prétoire à l'échafaud ; et le sire de Monjou, n'ayant perdu ni l'agilité de sa langue, ni la solidité de son poing, s'en tira plus tard moyennant une forte amende.

XII

Suivons la route qui descend dans le vallon; et tout à coup, sur notre droite, au haut d'une vaste prairie, apparaîtra la masse blanche du château de *Cropières*. Ici, nous pouvons nous arrêter : car bien des souvenirs s'attachent à ce manoir, et d'ailleurs il n'est pas sans intérêt à visiter.

Voici d'abord une grande cour d'entrée fermée par un portail que surmontent des vases de pierres aux écussons de Scorailles et de Fontanges ; puis un corps de logis de 33 mètres de long, forme remaniée d'anciens bâtiments auxquels une chapelle a été adjointe. Cette chapelle, entièrement décorée de peintures, était fort vaste, mais se trouve aujourd'hui dans un grand état de délabrement. Elle renferme encore quelques tableaux de prix. Vis-à-vis du portail et du corps de logis qui fait un angle droit avec le précédent, s'étend un perron en pierre, de proportions majestueuses, sur lequel ouvraient les appartements de réception. Tout le long, règne une balustrade sculptée avec soin, et deux grands lions, portant les écussons des maîtres du logis, vous regardent monter l'escalier, aux larges rampes, qui donne accès dans le château. Jadis l'intérieur était décoré et meublé avec soin : boiseries, trumeaux, tapisseries, rien ne manquait dans les appartements. Mais de ce luxe passé il ne reste plus que le souvenir et quelques débris permettant de le reconstituer dans la pensée du visiteur.

Le château eut jadis un aspect plus guerrier: il se composait alors de deux corps de logis et de deux grosses tours, et pendant la guerre de

Cent ans, les Anglais y tinrent garnison; au XVIe siècle, il y avait un corps de logis de plus; les tours étaient crénelées et surmontées de girouettes. Mais à la fin du XVIIe siècle, Anet de Scorailles, marquis de Roussille, qui avait goûté le luxe de la cour, trouva son manoir trop morose. Tout en conservant la carcasse des bâtiments primitifs, il leur donna une forme nouvelle, correspondant mieux à des mœurs plus douces, à des habitudes plus élégantes, et surtout à une sécurité plus complète. Il élargit les ouvertures et en augmenta le nombre, supprima tout ce qui rappelait la forteresse féodale, rebâtit les espaces laissés vides par la démolition des tours, et obtint ainsi un grand corps de logis à peu près régulier, que l'œil le moins exercé reconstitue facilement dans son ancien état.

La maison de Monjou, dont nous avons déjà parlé et qui portait également le nom de Cropières, possédait, à l'origine, cette seigneurie : une branche de l'illustre maison de Fontanges en hérita vers 1500 et y résida deux siècles.

C'est à cette famille qu'appartenait, aux environs de 1700 l'héritière de Cropières qui fut l'héroïne d'un roman d'amour, ou plutôt de cape et d'épée, à la façon d'Alexandre Dumas. Elle se nommait *Guillemine* et était fille unique de Pètre-Jean de Fontanges et de Jeanne de la *Roué de Pierrefort* : beau parti à tous les points de vue, car elle devait avoir une très grosse fortune et tenait rang parmi la plus haute noblesse. Sa mère, veuve de bonne heure, et remariée au sire de Fontanges, avait eu cette fille sur le tard, à l'âge où les femmes, n'étant plus romanesques pour elles-mêmes, le deviennent, dit-on, pour les autres. Elle habitait le plus souvent dans la superbe forteresse de Pierrefort [1], une des citadelles les plus puissantes de la contrée, dont elle avait l'usufruit.

Ceci se passait dans les premières années du XVIIe siècle ; le pays alors était tranquille, et l'on voisinait volontiers avec les châteaux des environs, notamment avec celui de la Volpilière, où demeurait la famille du *Greil*. Guillemine, comme il arrive souvent, finit par s'amouracher d'un de ses compagnons de jeu, cadet de bonne maison sans doute, mais cadet sans fortune. De son côté, le jeune Gabriel du Greil, ou plus exactement le chevalier du *Colombier de la Volpilière*, ne fut pas insensible aux charmes de sa voisine et peut-être aussi à sa belle dot.

[1] Arrondissement de Saint-Flour.

Ce petit roman fleuri se poursuivit doucement sous le regard de la mère, mais tourna brusquement au tragique, en 1607, le jour où l'amoureux vint faire sa demande au père. Celui-ci, interloqué de l'audace, envoya promener le solliciteur de la façon la plus cavalière. Puis, comme tout cela lui valut une scène de famille et qu'il comprit que sa femme était du parti des amoureux, il s'empressa d'expédier la mère et la fille bien loin, du côté de Mauriac, au château de Drugeac, chez son vieil ami et parent, Pètre-Jean de Saint-Martial.

C'est ici que l'histoire se corse. Le sire du Colombier, furieux de son échec, se résolut à tenter un coup d'audace. Il commença par gagner à sa cause la jeune noblesse du pays, les cadets de Brezons, de Brugier, de Bonafos, de Lastic, de Chapelle Laurent, le gouverneur de Turlande et bien d'autres, puis il recruta dans le Rouergue une bande d'aventuriers : et à la tête de tous ces écervelés, friands de la lame, s'en vint un jour surprendre la forteresse de Pierrefort et enlever le vieux Pètre-Jean. On ne lui fit du reste aucun mal et on se contenta de le mettre en sûreté au château de Neyrebrousse, chez les Brezons. Pendant ce temps, un détachement courait à Drugeac, tendait discrètement une embuscade dans laquelle la dame de Fontanges et sa fille tombèrent, je pense, volontiers, et ramenait au plus vite les prisonnières à Pierrefort. Aussitôt la famille du père offensé avertit à Aurillac le vice-bailli La Carrière, qui se transporta devant la place où la jeune fille était séquestrée et fit sommer à son de trompes la mère et l'amoureux de la remettre entre ses mains. Mais les ravisseurs, bien à l'abri derrière de solides murailles, ne répondirent que par des menaces et mirent en déroute les représentants des bons principes.

On fit alors défense à tous les ecclésiastiques du pays de procéder à la célébration du mariage, et le père, sorti de sa prison de Neyrebrousse, vint lui-même à la tête des gens de justice et de toute sa parenté, pour essayer encore de la conciliation. Vain effort, il fallut se décider à employer la violence. Le roi, averti par le sire du Rochain, ordonna de réunir trois cents hommes et du canon pour mettre les révoltés à la raison. Henri IV, on le voit, avait comme souverain une conception plus austère de la morale que comme particulier. Le blocus dura dix jours : à chaque instant on voyait apparaître sur les remparts Guillemine de Fontanges et sa mère, qui encourageaient par leur présence cette jeunesse étourdie et chevaleresque.

Sur ces entrefaites, le vice-bailli apprend que sous les murs du château de Vigouroux un rassemblement se forme pour porter secours aux assiégés. Il mande à la rescousse le marquis de *Noailles*, gouverneur de Haute-Auvergne, et des renforts, laisse deux cent cinquante hommes devant Pierrefort, court à Vigouroux avec le reste de sa troupe, et tombant à l'improviste sur les rebelles, les met en pleine déroute. Mais, pendant son absence, la garnison de Pierrefort a tenté une sortie désespérée ; La Volpilière et bon nombre de ses amis ont réussi à s'échapper, d'autres ont trouvé la mort, et parmi eux les capitaines Madazou et l'Escure ; le gouverneur de Turlande est prisonnier avec quelques compagnons. Le sort de ces derniers n'en valut guère mieux, car ils furent pendus à Aurillac quelques jours après. La Volpilière et tous ceux qui s'étaient évadés avec lui furent condamnés au supplice de la roue par contumace ; la dame de Fontanges fut enfermée dans un couvent pour le reste de ses jours, et sa dot acquise à son mari ; quant à Guillemine on la confia à la garde de la marquise de Noailles, de la maison de Roquelaure, alliée à la sienne.

Ainsi l'autorité paternelle était vengée, et bien du sang avait coulé pour les beaux yeux de cette nouvelle Hélène. Mais son Pâris ne se tint pas pour battu : il renouvela fréquemment ses tentatives et dressa plus d'une embuscade sous les pas de la dulcinée qui, pendant six ou sept ans ne put sortir sans être protégée par une nombreuse escorte. Pourtant le temps calme toutes choses ; le galant finit par se lasser; la demoiselle oublia son bien-aimé ; et son père lui fit faire, en 1616, un bon mariage, en lui donnant comme époux Louis de Scorailles de Roussille, lieutenant de la compagnie d'ordonnance du comte de Charlus.

Ce coin de nos montagnes produisait volontiers des amoureux rebelles aux volontés de leurs parents. Et ce même La Carrière, qui avait été chargé de châtier Gabriel de la Volpilière, raconte dans ses procès-verbaux qu'il dut, vingt ans plus tard, chevaucher pour une affaire du même genre. Il s'agissait du jeune François d'Humières, fils de Gaspard, demeurant près d'ici, au château de Loubéjac, sur la route que nous suivrons en allant à Carlat. Ce garçon avait enlevé et épousé demoiselle Cat de Rastignac, belle-sœur de son frère aîné ; et comme Gaspard d'Humières avait fait, je ne sais pour quelle cause, opposition formelle au mariage, le fils avait très irrespectueusement expulsé Monsieur son père du château de Loubéjac et s'y était fortifié. Le vice-bailli ne put parvenir à l'en déloger et se contenta de faire instruire son procès au présidial d'Aurillac. Le coupable fut, selon l'usage, condamné à la peine de mort ; mais, que les âmes sensibles se rassurent, il ne s'en porta que mieux, et fit souche d'une lignée nombreuse, vigoureusement représentée encore de nos jours !

Pour en revenir à Cropières, cette seigneurie passa donc dans la puissante maison de Scorailles. Mais l'hérédité amoureuse de Guillemine de Fontanges ne devait pas perdre ses droits, et deux générations plus tard, sa descendance fournissait une maîtresse au Roi-Soleil.

Tout le monde connaît l'histoire de la belle duchesse de Fontanges, Marie-Angélique de Scorailles. Elle naquit à Cropières en 1661, du mariage de Jean-Rigal de Scorailles, comte de Roussille, et d'Éléonore de Plas de Curemonte. C'était la propre petite fille de l'héroïne de Pierrefort. Elle quitta, à l'âge de 17 ans, nos montagnes, qu'elle ne devait plus revoir, pour aller à la cour en qualité de demoiselle d'honneur de Madame, femme de Monsieur, frère du roi. Louis XIV, fatigué des hauteurs de Mme de Montespan, s'éprit d'elle, autant par esprit de révolte que par amour. Sa faveur fut aussi courte que soudaine. Marie-Angélique se vit, en quelques jours, duchesse et dispensatrice des faveurs de la cour : et son succès la grisa à tel point qu'elle passait devant la reine sans la saluer. Mais « belle comme un ange et sotte comme un panier », au dire de l'abbé de Choisy, elle n'était pas de taille à retenir longtemps le monarque adulé et volage. Des couches pénibles lui firent perdre du même coup sa beauté et le cœur de son royal amant, et bientôt après elle mourut, âgée de vingt ans à peine, dans les bâtiments de l'Abbaye-au-bois, où elle s'était retirée.

Il semble que le château de Cropières, commencé sur des bases grandioses, hors de proportions avec sa hauteur, et qui présente à l'œil l'aspect de quelque chose d'inachevé, soit l'image de la vie éphémère de Marie-Angélique. Cette analogie a tellement frappé l'esprit du public qu'une légende s'est formée à ce sujet. On raconte que la duchesse de Fontanges faisait construire en ce lieu une demeure magnifique, à l'instar des palais royaux, pour s'y retirer un jour. Mais sa mort étant venue trop tôt, il fallut arrêter la construction au point où elle en était et y mettre un toit au plus vite. Cette explication est du moins bien trouvée, si elle n'est pas vraie ; mais comme je vous l'ai déjà dit, c'est au marquis de Roussille, gouverneur de Haute-Auvergne et frère de Marie-Angélique, qu'est due la conception de ce plan légèrement bizarre.

Maintenant, si vous voulez savoir ce qu'il advint de la famille de la belle duchesse, je vous dirai que cette branche des Scorailles s'éteignit à la génération suivante, que la seigneurie de Cropières passa, par aillance, à la maison d'Isarn de Freyssinet-Valady, qui la possède encore aujourd'hui. En 1789, le marquis de Valady, jeune, riche et brillant, hautement apparenté, embrassa avec ardeur les principes de la Révolution et fut élu par le département de l'Aveyron député de la Convention nationale. Mais ce ci-devant, ce modéré, ne devait pas tarder à porter la peine de sa tache originelle : il fut mis hors la loi, le 28 juillet 1793, comme fédéraliste et monta sur l'échafaud à la fin de cette même année, victime de sa généreuse illusion.

XIII

Si vous ne craignez ni de faire un détour ni de vous aventurer dans des chemins d'une viabilité douteuse, je vous engage fort à vous en aller au-delà de Raulhac, non loin de la route du Mur-de-Barrez, visiter le château de Messilhac. Vous emporterez, j'en suis sûr, une impression profonde de ce manoir féodal, perdu au milieu des ravins et des bois, sur un pic isolé et d'accès difficile ; vous y trouverez de beaux sujets de réflexion sur les mœurs des anciens seigneurs auvergnats qui, par nécessité de défense, se fortifiaient dans des endroits escarpés, au milieu des loups, et cependant n'étaient pas étrangers aux choses de l'art et de l'esprit. Car sur la large façade de pierre et sur le grand escalier aux voûtes élégantes, les artistes du début du XVIe siècle ont prodigué ornements, bas-reliefs et devises ; et l'appareil guerrier de la rude forteresse fait vraiment bon ménage avec les décorations de la Renaissance, bien fragiles et bien mièvres à côté des pesants machicoulis.

Le nom de Messilhac a été illustré par Raymond Chapt ou Cat de Rastignac, cadet de fortune, qui, s'étant fait de bonne heure une réputation dans le métier des armes, fut attiré en Haute-Auvergne, vers 1575, par le marquis de Lignerac. Celui-ci comptait en faire un ferme et utile soutien de la Ligue ; mais il fut trompé dans son attente, car Raymond, conseillé par le marquis de Bournazel et par son cousin de Morèze, se tourna bientôt du côté du roi. Dès lors, une haine mortelle s'éleva entre lui et Lignerac, qu'il ne tarda pas à remplacer dans le gouvernement de la Haute-Auvergne. Il épousa l'héritière de Messilhac, Marguerite de Saunhac, déjà veuve de deux maris, et par ce mariage acheva de se fixer dans le pays. Dès lors, sa carrière appartient à l'histoire. Il délivre Aurillac, bat le comte de Randan dans les plaines d'Arpajon, se couvre de gloire à la bataille d'Issoire, fait des prodiges de valeur devant Villemur et soumet le pays presque entier à l'obéissance du roi ; en 1594 il apaise la révolte des habitants de Saint-Flour contre leur évêque et défait près de Limoges l'armée des *Croquants*. Lieutenant général, chevalier du Saint-Esprit, il touchait à l'apogée des honneurs lorsqu'il périt d'un coup de fauconneau au siège de La Fère, en 1596.

Raymond de Rastignac, dit l'historien de Thou, était un homme d'un courage infatiguable, mais il savait aussi à l'occasion montrer une âme généreuse. A la sanglante bataille de Cros-Rolland, près d'Issoire, où Rastignac enfonça lui-même l'escadron du comte de Randan et blessa mortellement le général de la Ligue, c'est lui qui arrêta la boucherie en s'élançant au milieu de ses soldats vainqueurs et en leur criant : « Amis, nous sommes tous Auvergnats : ne nous tuons pas les uns les autres ! » Ce trait, bien rare au milieu de la fureur des guerres civiles, mérite d'être cité à côté des hauts faits les plus brillants de Raymond.

Et maintenant en route pour Carlat. Désormais nous tournerons le dos à l'Aveyron, et vous pourrez, au sommet de la prochaine côte, apercevoir le *Mur-de-Barrès*, chef-lieu de canton du département limitrophe, qui marque l'horizon d'une grosse barre blanche. Vous remarquerez aussi dans cette direction, au milieu des ravins, la plate-forme du rocher de Ronesque, diminutif de celui de Carlat, où jadis se trouvait un château qui appartint à Alphonse, roi d'Aragon.

XIV

Longtemps avant d'arriver à Carlat, nous apercevons la gigantesque plate-forme de basalte s'avançant ainsi qu'un promontoire au-dessus des abîmes qui l'environnent. Quel admirable poste d'observation et quel inexpugnable repaire ! Car de toutes parts, le rocher abrupt est isolé du sol ; et, au point où il devrait être relié à la montagne, une brèche large et profonde, taillée à arêtes vives, creuse un fossé béant entre lui et la ligne de crêtes qu'il termine, tel qu'un éperon à l'avant d'un navire ; encore cette brèche est-elle d'un effet bien moins saisissant depuis qu'elle n'est plus rehaussée et couronnée par les remparts, et qu'elle a été en partie comblée par les démolitions de la forteresse et par le terrain même dont on a dépouillé la surface du rocher. Quand le roi eut résolu de détruire l'orgueilleuse citadelle, il voulut qu'il ne restât sur le plateau ni une pierre à bâtir, ni un pouce de bonne terre : et rarement entreprise plus considérable fut aussi consciencieusement exécutée. De cet amoncellement de remparts, de tours, de palais, de bâtiments de toutes sortes, pas un pan de murailles n'est resté debout ; et c'est à peine si, de loin en loin, la roche garde l'empreinte de quelque fondation trop rebelle à la pioche du démolisseur.

Pourtant, à la base même du rocher, régnait un premier mur de circonvallation qui n'avait pas moins de quatre mètres d'épaisseur ; la seconde enceinte suivait toute la crête de la plateforme ; et la porte d'entrée, du côté du bourg, était à elle seule une forteresse composée de trois tours en forme de pointes de diamant. Mais ce n'est pas tout : à l'intérieur de cette double enveloppe se trouvait la citadelle proprement dite, le noyau de ce fruit difficile à cueillir ; elle s'appuyait à la brèche qui est à l'arrière du plateau et était flanquée de quatre grosses tours, nommées Tours Margot, Tour Guillot, Tour Noire et Tour Saint-Jean. Les logements militaires, bâtiments de service, écuries, prisons, s'alignaient sur le côté, jusqu'à la porte d'entrée, En face de cette porte, le palais des vicomtes, couvert en plomb, s'appelait Brindoré. L'hôtel du gouverneur était tout proche ; quant au capitaine, il logeait au-dessus de la porte dont il avait la garde. Il y avait également dans l'enceinte une commanderie de Malte et une église qui fut longtemps paroissiale, jusqu'au jour où Anne de France en fit édifier une dans le bourg. A l'intérieur du sanctuaire de la citadelle, se trouvait une statue de la Vierge, réputée miraculeuse, et en grande dévotion dans toute la contrée, sous le nom de Notre-Dame du Puits. Elle était en effet voisine de la citerne où la garnison s'approvisionnait d'eau potable. L'eau ne manquait pas du reste sur le rocher, car, au milieu de la cour, pour faire boire et nager les chevaux, existait un bassin que l'on qualifie même de lac dans le procès-verbal de la démolition.

Nous voici arrivés dans le bourg de Carlat. Montons sur le rocher par le sentier abrupt qui s'élève au-dessus de l'église, et asseyons-nous là-haut à l'ombre d'un gros tilleul isolé, qu'on aperçoit de tout le pays, seul panache qui reste au colosse découronné. Là, je vous raconterai tout à l'aise la chronique de Carlat, sans qu'il soit nécessaire de vous livrer à une inspection minutieuse des lieux : car sur ce plateau rasé et nivellé, vous chercheriez envain l'aspérité d'une ruine pour y accrocher un souvenir.

L'histoire ou plutôt la tradition historique de Carlat remonte haut. Je n'oserai pas vous affirmer sous la foi du serment que la maison de Ferréol l'ait possédé à l'époque Gallo-romaine ; que Syagrus, le fameux gouverneur des Gaules, battu par Clovis à Soissons, en ait été châtelain. Je ne suis pas sûr non plus que ce glorieux Clovis l'ait vainement assiégé après sa victoire de Vouillé. Cependant la voix publique et quelques historiens anciens le racontent. Mais ce qui me paraît constant, c'est que les troupes de Louis le Débonnaire, le successeur de Charlemagne, subirent un sérieux échec au pied du rocher et jugèrent prudent, à la suite de cette expédition malheureuse, de se retirer précipitamment jusqu'à Poitiers.

En 1370, la forteresse dut ouvrir ses portes aux Anglais qui avaient fait essuyer à la noblesse du pays une défaite sanglante et s'étaient emparés de tous le pays ; mais elle fut reconquise deux ans plus tard par les efforts réunis des ducs de Bourbon et de Berry. Pendant les vingt années qui suivirent, Carlat fut mainte fois occupé par les routiers et les bandes anglo-gasconnes, ramassis d'aventuriers et de pillards qui se recommandaient de l'Angleterre et ne relevaient guère que de leurs appétits. Tel était alors l'état de désarroi et d'affaiblissement du pauvre royaume de France que, pour se débarrasser de ces sangsues, on n'avait d'autre moyen que de racheter au poids de l'or les places fortes tombées entre leurs mains.

Mais cet éloignement payé n'était jamais qu momentané : aussitôt l'argent mangé, la band revenait pour s'en procurer d'autre ; et l légendaire Aymerigot Marchès s'était mêm fait une spécialité de cette façon de battre mon naie. Tant qu'il tenait la place, il en profitai pour rançonner la contrée ; et à peine l'avait-i vendue qu'il ne songeait qu'à s'y loger de nou veau; car le métier était bon, de l'avis mêm d'Aymerigot, et l'historien Froissart nous a transmis les regrets du vieux crocodile, s'éloi gnant de ce pays-ci à la suite d'une de se transactions : « Comment étions-nous réjouis disait-il, lorsque nous chevauchions à l'aven ture et que nous trouvions sur les champs u riche prieur ou marchand, ou une route d mulets de Montpellier et autres villes, chargé de drap de Bruxelles ou de pelleteries venant de la foire de Landit, ou d'épiceries venant d Bruges, de drap de soie de Damas ou d'Alexandrie. Tous les jours nous avions nouvel argent Les vilains d'Auvergne nous pourvoyaient e apportaient à notre châtel les blés, les farines le pain tout cuit, l'avoine pour les chevaux, l litière, les bons vins, les bœufs, les brebis, le volailles. Nous étions servis, étoffés et gouvernés comme rois, et quand nous chevauchions tout le pays tremblait devant nous. Tout était nôtre en allant et en revenant. »

Il est étonnant qu'une forteresse aussi solide et aussi inaccessible que Carlat ait ouvert assez fréquemment ses portes aux assiégeants. Mais la famine ne devait-elle pas fatalement le contraindre à se rendre, lorsque toute la contrée environnante était occupée par l'ennemi ? Sans compter que la trahison y joua parfois son rôle. Vers 1414, pendant la révolte du vicomte de Murat contre le seigneur de Carladez, son suzerain, un capitaine d'aventuriers, nommé Ferradoc, à la solde du vicomte, s'empara des châteaux de Polminhac, Messilhac, Montamat et autres ; et s'il ne s'introduisit pas dans Carlat, où la comtesse d'Armagnac résidait en ce moment, cela ne tint qu'à un fil, car il s'entendait avec le gouverneur de la place, Pierre de la Guiolle, qui paya du reste de sa tête sa conduite déloyale. Plus tard, pendant les guerres de religion, des complots successifs introduisirent tour à tour dans le château catholiques et huguenots.

Mais ce que je vous raconte là n'est que l'histoire banale de toutes les forteresses. Pour intéresser le touriste qui passe, il faut des aventures attachantes ou dont les héros soient connus du public. Carlat a eu tout cela.

Faut-il vous narrer les malheurs du « pauvre Jacques ». Vous n'avez qu'à ouvrir l'histoire de France pour en apprendre tous les détails ; aussi ne ferai-je que vous rappeler les faits brièvement. Vers 1460, le Carladez avait pour vicomte Jacques d'Armagnac, duc de Nemours, comte de Pardiac et pair de France. Jacques avait été le camarade d'enfance du dauphin, dont son père était le gouverneur, et devint plus tard le cousin germain du roi par son mariage avec Louise d'Anjou. Mais, soit que l'ombrageux Louis XI ne méritât pas d'inspirer un attachement durable, soit que le caractère turbulent et farouche des d'Armagnac, ces petits-fils de Frédégonde, ne put être fléchi ni par les souvenirs de jeunesse, ni par les liens de parenté, le seigneur de Carladez ne cessa de conspirer contre son souverain et entra dans toutes les ligues formées pour lui nuire. En 1467, Louis XI dut faire investir Carlat par une armée sous les ordres du sénéchal de Normandie, Jean Blosset ; puis, après un siège de dix-huit mois, qui ne fut pas, je pense, bien sérieux, le roi fit de nouveau offrir son amitié à Jacques d'Armagnac. On se fit de part et d'autres de grandes protestations de dévouement : mais le duc de Nemours n'en continua pas moins à comploter dans l'ombre, et Louis XI, qui pardonnait pour la deuxième fois, ne cessa pas pour cela de le surveiller. Aussi lorsque, après le procès du connétable de Saint-Paul, on acquit la preuve d'une nouvelle trahison de Jacques, le roi fit sommer celui-ci de comparaître devant le Parlement, et sur son refus, le fit de nouveau assiéger dans Carlat. Le vicomte aurait pu, dit-on, résister longtemps ; malgré cela, il préféra se rendre, sur une promesse de pardon que lui fit le sire de Beaujeu : mais Louis XI désavoua son lieutenant. Quand il se sentit pris dans les griffes royales, le fier rebelle se fit doux, humble, attendrissant et tenta d'éviter le châtiment par l'expression de son repentir. On cite partout la lettre qu'il écrivit de la Bastille, en janvier 1475, à son ancien camarade d'enfance, devenu son maître et son juge : « Mon très redouté et souverain seigneur, tant et si humblement que faire je puis, je me recommande à votre grâce et miséricorde... Sire, j'ai tant méfait envers Dieu et envers vous, que je sens bien que je suis perdu, si votre miséricorde ne s'étend, laquelle en grande amertume et grande contrition de cœur je requiers en mémoire de la benoite passion de N.-S.-J.-C. et des mérites de la benoite Vierge, faites-moi grâce et à mes pauvres enfants ; ne souffrez pas que pour mes péchés je meure à honte et à confusion, qu'ils vivent en déshonneur et au pain quérir ; et si avez en amour ma femme, plaise vous avoir pitié du malheureux mari et des orphelins... Je vous servirai bien et loyalement que vous reconnaîtrez que je suis repentant et que, force de bien faire, veux amender mes défauts... Pour Dieu, Sire, ayez pitié de moi et de mes pauvres enfants... » Signé « Le pauvre Jacques ».

Cette lettre a valu au duc de Nemours l'attendrissement des foules et fut sans doute l'origine de la légende, pitoyable comme une complainte, qui s'est formée autour de sa détention et de son supplice. On a raconté qu'il avait été enfermé à la Bastille dans une cage de fer, que sous l'échafaud où il eut la tête tranchée, on avait placé ses jeunes enfants pour que le sang de leur père rejaillit sur eux. Mais tout cela n'est guère prouvé. Ce qu'il y a de certain toutefois c'est que Louise d'Anjou, alors enceinte, fut tellement impressionnée par la condamnation et l'exécution de son mari, qu'elle en mourut de douleur dans son palais, à Carlat. Louis XI partagea le Carladez entre trois personnages qui l'avaient aidé dans sa lutte contre Jacques d'Armagnac : le Sénéchal de Normandie, le seigneur de l'Isle et Hector de Méallet. Mais, sous le règne de Charles VIII, les enfants de Nemours rentrèrent en possession de l'héritage paternel. Ils le transmirent, ainsi que je vous l'ai dit, au connétable de Bourbon, après la trahison duquel la vicomté de Carlat fut définitivement confisquée et réunie à la couronne.

Devenue forteresse royale, Carlat joua son rôle pendant la période tourmentée des guerres de religion. Toutefois, son histoire n'offre aucun fait spécialement intéressant jusqu'au jour où la garnison vit arriver en croupe derrière le Seigneur de Lignerac et demandant un asile, une reine authentique, fille et sœur de rois. C'était un soir de la fin de septembre 1585; et la fugitive n'était autre que la belle Marguerite de Valois, sœur du roi de France Henri III, et femme du Bearnais Henri de Navarre, le futur Henri IV. Marguerite arrivait d'Agen, d'où le maréchal de Matignon, obéissant aux ordres de la cour, l'avait chassée par l'intrigue et par la force. Mais sa folle chevauchée à travers pays, derrière la selle d'un gentilhomme, son arrivée inopinée et éperdue dans une citadelle inconnue de Haute-Auvergne, tout cela n'est qu'une invention des libellistes du temps. La reine Margot fuyait, il est vrai, mais avec dignité et sachant parfaitement où elle allait. Carlat faisait partie de son apanage ; et, c'est sans doute pour que la princesse pût y trouver un abri que le capitaine de Marses venait de le reconquérir sur le huguenot Lapeyre-Lateule.

François Robert de Lignerac, gouverneur de Haute-Auvergne, qui dirigeait l'odyssée de la Reine, avait tout préparé pour qu'elle fût assurée d'être bien accueillie dans nos montagnes. Ses deux frères, Gilbert de Marses et Pantaléon du Cambon, avaient décidé la noblesse du pays à se lever presque tout entière en sa faveur : les sieurs de Messilhac, de Noailles, de Caissac, de Cabannes-Comblat, de Lastic, de Méallet de Fargues, d'Oradour, de Brezons, de Beauclair, de Montal, d'Aubiac, de Fontanges de Scorailles, de Pesteils, de Dienne, de la Roque-Senezergues, de Chaunac-Lanzac, Thomas de la Tour d'Auvergne, qui avait la commanderie de Malte à Carlat, et bien d'autres étaient accourus pour faire leurs offres de service ; de son côté le vieux Morlhon, baron de Sanvença et sénéchal du Rouergue, avait recruté du monde dans sa province : Saunhac, la Panouse, Cassaignes-Beaufort, la Valette, Solages, Corneilhan, Vézins. Bref, quand Marguerite parut sur la frontière du Carladez, au delà de Montsalvy, cent gentilshommes, suivis de 400 lances, l'attendaient pour lui faire une escorte d'honneur. Son entrée dans la vieille forteresse fut donc une apothéose.

Elle s'y installa confortablement et même luxueusement, quoi qu'en disent les libelles, et s'entoura d'une cour brillante, où les plus grands noms d'Auvergne tinrent à figurer. La présence de cette belle et poétique princesse, « la plus accomplie de son temps », illumina d'un rayon de jeunesse le rocher solitaire et morose, et, pendant six mois, on y mena joyeuse vie. De temps à autre, la reine Margot descendait des hauteurs de son palais et entreprenait avec sa suite des promenades pour visiter les principaux points de sa vicomté. C'est ainsi qu'elle vint un jour à Vic-sur-Cère, où des réjouissances furent organisées en son honneur. Elle assista sur le communal à un bal champêtre, et fut à tel point charmée par les danses montagnardes, qu'elle voulut apprendre la bourrée, et l'introduisit, dit-on, plus tard, à la cour. La légende ajoute que les femmes de Vic furent émerveillées de la taille mince et élégante de Marguerite, et voulurent à son exemple porter le corset ; mais l'imitation maladroite, exécutée par les artistes du cru, aboutit simplement au corsage à bavette qui tend à disparaître aujourd'hui, mais qui était, il y a vingt ans encore, le costume officiel des paysannes de la montagne.

Si l'on s'amusait à Carlat, les rumeurs de l'histoire ne semblent pas indiquer qu'on le fît toujours honnêtement. La pauvre reine Margot n'a pas, vous le savez, laissé la réputation d'une vertu farouche, et c'est d'elle qu'Henri III disait : « En donnant ma sœur Margot au roi de Navarre, je la donne à tous les huguenots du royaume. » Mais il est bon de remarquer que le frère détestait la sœur et ne cessa de la persécuter ; et, d'autre part, le ton virulent des pamphlets dirigés contre Marguerite donne fort à penser sur leur véracité. Le plus odieux de tous, *le Divorce satirique*, va jusqu'à prétendre que, s'ennuyant dans son nid d'aigle de Carlat, elle eut des bontés pour son cuisinier, puis pour un jouvenceau nommé Daubiac. Elle le choisit comme « le mieux peigné de ses domestiques », et fit monter de l'écurie à la chambre « ce chétif rousseau, plus tavelé que truite, dont le nez teint en écarlate ne s'était jamais promis au miroir de s'être trouvé dans le lit avec une fille de France ». Je crois volontiers qu'un sentiment très tendre unit Marguerite à Daubiac, et que la princesse proscrite ne fut pas cruelle pour l'amoureux passionné qui lui fut dévoué jusqu'au sacrifice de sa vie. Mais celui que la satire représente comme un palefrenier, était un cavalier de haute mine, tout à fait hors de pages, appartenant, dit-on, à la noble maison de Roquemaurel, et qui remplissait auprès de la princesse les fonctions de gentilhomme d'honneur.

Au temps des « Cours d'amour », le roman de la reine et du gentil chevalier eût été le sujet d'une complainte à faire pâmer les damoiselles: car rien n'y manqua, pas même la fin tragique du galant, qui mourut pour l'amour de sa dame, en prononçant sous la hache le nom de l'adorée.

On ne prête qu'aux riches : aussi ferait-on un volume si l'on voulait énumérer toutes les intrigues que chacun, renchérissant sur son voisin, s'est plu à attribuer à Marguerite de Valois. A Carlat, la légende, pas plus que le pamphlet, n'a laissé en repos la mémoire de la pauvre reine. Cette fois, c'est d'un pâtre qu'il s'agit, et nous tournons au bucolique. La romanesque princesse, en promenant ses yeux noyés de mélancolie sur les côteaux voisins de son castel, aperçut un berger qui gardait son troupeau. La physionomie du jeune garçon frappa la dame, qui le fit venir et s'éprit de lui éperdument. Marguerite était poète, et l'on s'acheminait doucement vers l'époque où le sire de Racan allait mettre les bergeries à la mode. Cette nouvelle fantaisie occupa son cœur ; et pour faire honneur à l'heureux pâtre, qu'elle avait distingué, elle fit construire, sur l'emplacement de sa chaumière, ce petit château aux tourelles pointues que vous voyez là-bas, près de la route d'Aurillac, et qui a conservé le nom de Cabanes, en souvenir de sa forme première. Le jeune paysan s'appelait Jean de Résigade, et le château de Cabanes appartenait encore à sa petite fille Antoinette, qui le léga aux Laroque-Sènezergues. Malheureusement pour la légende, je me souviens fort bien d'avoir lu dans de vieux documents le nom de Résigade ; il était porté par de bons gentilshommes auxquels l'épée était plus familière que la houlette. Si donc le fond de l'affaire est vrai, le berger aurait été simplement un homme d'armes, ce qui enlève à l'aventure tout son relief poëtique.

Mais les nuages ne tardèrent pas à s'amonceler au-dessus de la tête de la Reine de Navarre. Le duc de Joyeuse, favori de Henri III, et ennemi acharné de la princesse, était arrivé en Auvergne et travaillait à détacher de sa cause la noblesse de la contrée. Le vide se fit peu à peu autour du rocher de Carlat. Raymond de Rastignac, seigneur de Messilhac, auquel on avait promis la place de François de Lignerac, déserta le premier, entraînant avec lui le baron de Pestels et les principaux gentilshommes du Haut-Pays. On agit également sur le Rouergue, en circonvenant le baron du Caila, Antoine de Cassaignes-Beaufort-Miramon, qui convoitait la succession de son oncle Sanvença, au poste de sénéchal, et amena par son influence la défection de ses compatriotes.

Marguerite fut éprouvée aussi par une longue et cruelle maladie, et, pour achever de l'effrayer, la peste fit son apparition dans la contrée. Il paraît même que le bruit de sa mort parvint à la cour, et y causa, suivant Brantôme, une désolation générale.

A ce moment, comme un malheur n'arrive guère sans un autre, Gilbert de Marses, le fidèle gouverneur de Carlat, fut enlevé de mort subite. Les méchantes langues ne manquèrent pas

d'accuser la reine de Navarre de l'avoir fai
empoisonner, pour se venger de ce qu'elle aura
été surprise par sa femme en fâcheuse postur
avec d'Aubiac. Mais vous savez que, depuis l
venue des Italiens à la cour de France, on ava
la manie de voir du poison partout ; et d'ailleurs
la perte de son fidèle serviteur était trop préju
diciable aux intérêts de Marguerite, pour que c
crime puisse raisonnablement lui être imputé
On en eut bien vite la preuve : car aussitô
après la mort de son frère, François de Lignera
voulut avoir la haute main sur la forteresse, e
comme Marguerite lui opposait d'Aubiac, un
lutte d'influence ne tarda pas à s'élever entre le
deux hommes, dans laquelle le second devai
fatalement succomber. Lignerac, rude solda
habitué à parler en maître, finit par perdr
patience, et, un beau matin, mit brutalemen
sa belle protégée à la porte de Carlat.

Cette fois, la pauvre Margot partit en croup
derrière son féal chevalier et recommença piteu
sement son odyssée d'Agen. Elle avait passé
Carlat une année entière ; mais quand elle arriv
au château d'Usson, près d'Issoire, après u
voyage plein de fatigues et semé d'embûches
c'est en prisonnière et non plus en maîtress
qu'elle y entra. En route, Henri III avait fai

enlever et livrer au bourreau son cher d'Aubiac, ne lui laissant que la suprême consolation de pleurer, en strophes émues, le trépas de ce cher et dévoué serviteur.

Mais revenons à Carlat où une autre femme ne devait pas tarder à effacer le souvenir de la reine de Navarre et à attirer de nouveau sur le rocher l'attention de la cour et de la ville. C'était dans la première moitié de l'année 1602 ; la conspiration du maréchal de Biron venait d'être découverte, et le roi, qui surveillait du coin de l'œil les gouverneurs de ses places fortes, se prit à soupçonner celui de Carlat, François du Pouget-Nadaillac. Il donna donc ordre au comte de Noailles, son lieutenant en Haute-Auvergne, de s'assurer de la personne de Nadaillac. Noailles, qui ne trouvait pas la commission facile à exécuter, s'avisa d'un stratagème : il attira le gouverneur à Aurillac, sous le prétexte de conférer avec lui, et le fit enfermer dans les prisons du château Saint-Etienne. Puis, sans perdre une minute, il se mit à la tête de ses troupes et se présenta devant la porte de Carlat, demandant la reddition de la citadelle. Mais l'indélicatesse du procédé tourna à sa confusion : car la dame de Nadaillac, Marguerite d'Ouvrier de Morèze, une maîtresse femme celle-là, refusa énergiquement de livrer les clé avant d'avoir l'avis de son mari ; et apprenan ce qui était arrivé à celui-ci, elle fit au lieute nant du roi cette fière réponse : « Dites à M. d Noailles qu'il se souvienne de Madeleine d Saint-Nectaire. S'il veut être un autre Montal je suis prête à imiter la conduite de la dame d Miramon[1]. » Honteux comme un renard qu'un poule aurait pris, Noailles battit en retraite pou chercher des renforts, convoqua le banc et l'ar rière-ban de la noblesse, les milices bourgeoises les archers de la grande prévôté de Languedoc et se munit d'une batterie d'artillerie. De so côté, la dame de Morèze ne resta pas inactive elle introduisit dans la place des renforts, de vivres et des munitions, et, pour être plus libre fit sortir de la forteresse et mettre en sûreté le sept plus jeunes de ses enfants, ne gardan

[1] Madeleine de Saint-Nectaire, veuve de Guy de M ramon, et belle-mère de Henri de Bourbon, vicomte d Lavedan, chef des religionnaires en Haute-Auvergn Elle soutint victorieusement de longs siéges dans so château de Miramon, près de Mauriac, contre des armée de plusieurs milliers d'hommes. En 1575, ayant été attiré dans une ambuscade par Gilles de Montal, gouverneur d Haut-Pays, elle chargea elle-même à la tête de 50 cav liers, passa sur le ventre de l'armée catholique, et t de sa main Montal qui voulait lui barrer la route.

auprès d'elle que les deux aînés, auxquels leur âge permettait d'être d'utiles auxiliaires. Autour de l'héroïne, se pressaient le capitaine de Carlat, de Sales-d'Ouradoux, dont la vaillance était réputée ; d'Ouvriers de Celles, son cousin ; Jean de Dienne et d'autres braves encore.

Dans le pays, l'émotion était à son comble, car la lutte promettait d'être acharnée ; et chacun, au lendemain des guerres civiles, craignait d'en voir renaître les horreurs. Heureusement Henri IV consentit à temporiser et à fournir à Nadaillac le loisir de s'expliquer. Des négociations s'ouvrirent et aboutirent à une entrevue solennelle des principaux chefs des deux partis, au bourg de Thiézac, où un traité en bonne forme fut conclu : évacuation immédiate de la forteresse, mais amnistie pleine et entière pour Nadaillac et ses lieutenants; la garnison devait sortir avec les honneurs de la guerre : quant à Marguerite d'Ouvrier, il lui était permis de se retirer dans son château de Morèze, avec une escorte d'honneur de douze gentilshommes.

Le roi fit mieux : il maintint François de Nadailhac dans le gouvernement de Carlat et donna même à son fils Charles la survivance de cette charge. Mais auparavant, il avait mis la forteresse hors d'état d'être dangereuse. Par son ordre, le sire de Giou, adjudicataire des travaux, accomplit l'œuvre de démolition la plus complète qui se soit peut-être jamais vue ; et l'on grava dans l'église du bourg l'inscription suivante que vous pourrez lire en descendant : « Par le commandement de très chrestien, très clément, très magnanime, très victorieux Henri IV, roi de France et de Navarre, libérateur, père et restaurateur du royaume, fut cette place démolie pour satisfaire aux vœux de ses bons sujets : Étant Maximilien de Béthune, marquis de Rosny, grand maître de l'artillerie, surintendant des finances et fortifications, et Grand Voyer de France. Le sire du Plessis, prévôt ordonné par Sa Majesté pour faire le rasement, le fit accomplir le dernier mai 1604. »

Table des Matières

TABLE DES MATIÈRES

Aurillac. — IMPRIMERIE MODERNE

www.ingramcontent.com/pod-product-compliance
Ingram Content Group UK Ltd.
Pitfield, Milton Keynes, MK11 3LW, UK
UKHW020434200726
13857UKWH00002B/417